BONUS
バス
うどん

SURVIVAL IN THE OFFICE

対訳

OL進化論

1

SURVIVAL IN THE OFFICE

対訳

The Evolution of Japanese Working Women

OL進化論 1

オーエル

Risu Akizuki
秋月りす

Translated by Jules Young and Dominic Young

Distributed in the United States by Kodansha America, Inc., 575 Lexington Avenue, New York, New York 10022, and in the United Kingdom and continental Europe by Kodansha Europe Ltd., 95 Aldwych, London WC2B 4JF.

Published by Kodansha International Ltd., 17-14 Otowa 1-chome, Bunkyo-ku, Tokyo 112-8652, and Kodansha America, Inc. Originally published in Japanese by Kodansha Ltd. under the title *OL Shinkaron*, Printed in Japan.
ISBN 4-7700-2390-1

First edition, 1999
01 02 03 04 05 15 14 13 12 11 10 9 8

はじめに

私は普段、自分の作品にまえがきや解説を書いたりしないんですが、英語版を発売するにあたって出版社の方から依頼がありました。「欧米の人たちは今でも、日本女性に対してある種の先入観をもっているので、現代の若い日本の女性たちが働くナマの姿を知ってもらうために作者からも一言」ということでした。私は正直に言って、都会で働く会社員の日常感覚がそれほど国によって違うとは思っていません。国情や民族性の違いはあるでしょうが、それらは興味深くはあっても理解不可能なほどではないだろうと楽観していたので、「解説を書け」という依頼は（文章が苦手なせいもあって）正直、面倒くさいなぁと思っていました。

しかし、ふと思い出したことがあります。20年以上前のことです。私はチャーリー・ブラウンに出会いました。いつも一生懸命なのにサエなくて、マヌケなことをしてしまってはくよくよ悩み、小心であがり性でしばしば人生の困難さに負けそうになる小さな男の子。私はすぐ大ファンになりましたが、それ以前に素朴な驚きがありました。「アメリカ人もこんな人物にシンパシーと愛情を持つんだ」という発見です。チャーリー・ブラウンの性格は日本人から見てとても「日本人的」に見えます。今考えると笑い草ですが、当時の私は（子供の頃からアメリカ映画になじみ、アメリカの音楽を聴きたおしていたというのに）アメリカ人についてパターン化した先入観しか持ってなかったのです。明るくて、社交的で、前向きで、公平で、でもちょっと大ざっぱ（子供の頃のことです。怒らないでね）。でも、チャーリー・ブラウンを読んだ時に目からウロコが落ちました。肌の色や言葉や文化がどんなに違っても、時にそれが越えがたい壁のように見えたとしても、その向こうには人間の日々の暮らしがあり、そこにはお互い共有できる暖かい笑いがあるのだと。

Preface

As a rule I never write prefaces or introductions to my books, but in this case I was asked to write one for the English-language edition. I was told that "since Westerners still have preconceptions about Japanese women, we'd like the author to write something about what young Japanese women are like at work these days." To be honest, I don't think people working in offices in big cities in any country differ much in their daily perception of things. There may be interesting differences in customs or conditions between the various countries, but I really don't think they're impossible to understand. So, when I was asked to write an introduction (maybe because writing's not my strong point), I frankly felt that it was a lot of trouble.

Then I suddenly remembered an incident that happened over twenty years ago—my encounter with Charlie Brown. He is a young boy who tries his best but is always distressed because he does things that are not smart or are even downright stupid. Because he's not very brave by nature, he often fails when faced with life's difficulties. I soon became a big fan of his, but even before that I had a surprising if naive realization, which was that "Americans also feel affection and sympathy for this sort of person." To us Japanese, Charlie Brown's character seems "Japanese." When I think back it's laughable, but at that time (even though I'd been a fan of American movies and listened constantly to American music since childhood) I only had a stereotyped preconception about Americans—cheerful, sociable, positive, and fair-minded, if a little rough-and-ready (remember I was still young, so don't be mad!). But when I read Charlie Brown, "the scales fell from my eyes." However different one's skin color or language or culture may be, sometimes seeming like a wall that is difficult to surmount, people on the

外国人の読者のみなさんが「日本人ってこんな感じだろう」という片よった先入観を持っているのなら、私の作品でそれを少しでも壊せたらいいなと思っています。かつて私が味わったように――驚きではなく、共感と、もちろん笑いをともなって――「なんだ日本人も同じじゃん」と思ってもらえたら、漫画家冥利につきるというものです。

<ご参考までに、今の日本のOLたちをとりまく情況を説明します>

日本では女性は結婚して子供を持つと、ずっと同じ仕事を続けることは非常に困難になります。託児所が少なく、国も企業も協力しようという気がないようです。両親と同居して子育てに協力してもらったり、子供が学校に入ってから再就職したり、個人的にいろいろ工夫はしていますが、働く女性にとってあまりいい国ではありません（控えめに表現しても）。

若いOLが「若いうちに楽しまなくちゃ」という気分になるのは、将来に対して大きな夢を持ちにくいからなのかもしれません。

一方、日本の主婦は欧米の主婦よりも優遇されているかもしれません。伝統的に夫は収入のすべてを妻に渡し、いくらかこづかいをもらいます。家を運営するのは（多くの家で）妻の方です。日本は戦後、徹底した男女分業で効率よく経済を発展させてきました。

しかし、ずっと働きたいという女性は増えつづけるでしょうし、今の若い男性はその父の世代ほど会社人間にはなれないと思います。そこにこの不況です。日本は今、いろんな意味で過渡期です。いろんな価値観が混在しています。

果たしてOLたちは、どこまで進化するのでしょう!?

秋月りす

other side are going about their daily lives in a way that invites warm laughter that can be shared.

If my comic strip breaks down even a little the barrier of prejudiced preconception of foreign readers that "this is what the Japanese are like," I think that would be wonderful. If I can make them think that "after all, the Japanese are the same," just like my experience in the distant past—not the surprise but the accompanying empathy and, of course, laughter—there can be no greater reward for a cartoonist.

For your information, I will give a brief explanation of the situation of OLs (standing for "office lady," or female office worker) in Japan today.

In Japan, if a girl marries and has children, it is very difficult to continue working. There are few daycare centers, and neither the government nor private enterprises are inclined to give much support. Women try different ways, such as by living with their parents and having them help raise the children, or by going back to work after the children are in school, but (to put it mildly) Japan is not a very good country for working women.

The reason young OLs feel it's "better to enjoy yourself while you're young" is that it is difficult for them to have any dreams for the future.

On the other hand, Japanese housewives may have things better than their Western counterparts. Husbands hand over their entire pay to their wives, and receive a little pocket money from it. Thus, the person who manages the household (in most cases) is the wife. Since the war, Japan has developed an efficient economy through the clear division of labor between men and women.

However, the number of girls who want to continue to work is increasing, and I don't think that the young men of today are the same "company men" that their fathers were. Moreover, with the present recession, Japan is in a period of transition and values are in a state of confusion.

I wonder how far OLs are going to evolve eventually.

Risu Akizuki

The disciplinarian

風紀委員おやじ

Morning!
Hey, it looks like you overslept!
Rush
Roger
And I had to run into that section chief, Mr. Nishibe!
What? The fusspot?
This morning I saw one of you coming to work in jeans and looking so untidy!
I want you to endeavor to present yourselves as adults.
She wasn't wearing makeup, so I couldn't tell who it was, but…
Huh!
Damn him!

おはよっ

あー
寝坊したな
そのかっこ

バタバタ

そこで
西辺（にしべ）部長に
会っちゃった

え——っ
あの
ウルサイ
おやじに！？

社会人らしい
身だしなみを
心がけていただきたい

今朝私は
Gパンで出社する
だらしないOLを見ました

化粧もしてなかったので
だれだかわかりませんでし
たが……

ふっ

くっそー

影響

Consequences

なんだかこのごろ
色っぽくなったわね

わかる？

ガーターベルトと
ストッキングにしたら
女らしい気分になるのよ

わーっ

あー
あつい　あつい

よっこらしょっと

ドサ

……
ひざしたストッキング

それが何なのよ

ふーっ

You seem to be looking a lot sexier these days.
You noticed?
You feel more feminine when you wear stockings with garters.
Wow!
Oh, it's so hot!
Let me sit down.
Thud
No wonder! Knee-length stockings!
Phew
So what?

Killing time in summer

夏のひまつぶし

Everyone's already with someone, aren't they?
It's so boring!
Shall we do it anyway?

みごとに
カップル
ばかりね——

つまんないのー

いっちょやりますか

Excuse me, but could you take a photo of us?
Oh, OK.
Giggle

スイマセーン
シャッター押して
いただけます？

うふっ

はァ

Next, let's take one together!
Look, he's blushing!
How cute!
Squeal
Squeal
Squeal

次はいっしょに
撮りましょ

あらやだ
赤くなってる

かわい——

キャ　キャ　キャ

Now they're arguing!
Tee-hee

もめてる
もめてる

けっけっけ

追い出す

Driving them out

労働時間の短縮は
まったく実現してないな

月に100時間残業する
社員も多いです

よし
午後8時にエアコンを
止めてしまおう

はい

その後

残業
すこしはへったかね

はい

8時を境に
みごとにまったく
なくなりました

じゃ　何だったんだ
今までのは

ウーン

The plan for shorter working hours is having no effect at all.
Many of them do 100 hours overtime a month.
OK, let's try turning off the air conditioning at 8 o'clock.
Yes, sir.
Later
Has the overtime gone down at all?
Yes.
No one stayed after 8 o'clock.
So what was all that overtime before about?
Hmph!

Job change for the better

You're thinking of changing jobs?
Well, when you see this, it makes you think.
SALIDO
Wow! That salary's good!
Isn't it? And they get treated much better than us, too!
SALIDO
We can't just ignore this!
No, we can't. Let's go see him.
Slam
PERSONNEL
So why are the mid-year recruiting conditions so good?
Bang
Well, er...It's difficult to find people now, and...
Umm...

花の転職

あら　転職する気？

考えちゃうわね　これ見て

あら　お給料いい！！

ね？
待遇もずっと
いいでしょ？

これは　見すごせないわ

そうよ　行きましょう

ガタン

人事部

なぜ　中途採用が
こんなに優遇
されるんですかっ

バン

いや　その求人難で……

えーと……

女のひとり旅 1　　Girls on a trip alone—1

予約してないんですけど
いいですか？

お二人さん？　どうぞ

民宿あかね

We haven't got a reservation, but do you have a room?
For the two of you? Yes, we do.
AKANE PENSION

連れになってもらって
助かったわ
ひとり旅だと
泊まるとこなくって

こっちこそありがと
女ひとりだと
いやがられるのよねー

I'm glad you came with me. If you're by yourself, they won't let you stay.
I should be thanking you! They don't like taking in a girl who's alone.

失恋してヤケになってて
自殺するとか思うのかしら

いやーね　ばかみたい

あははは

I suppose they think you're depressed and are going to commit suicide because your boyfriend's dumped you or something.
That's stupid!
Ha-ha-ha

負けるもんか
失恋くらいで

I won't let something like losing a boyfriend get to **me**!

Girls on a trip alone—2

女のひとり旅 2

Is something wrong?
Oh, er…?
I see. So you and your boyfriend split up and you're revisiting the places you went together.
Yes. He… Shintaro's gone abroad.
Shintaro? You wouldn't happen to be Chiharu, would you?
What? How do you know my name?
Oh!
♥Shintaro LOVES Chiharu
Oct. 15. 1989

もし
どうなさいました？

あ……

なるほど
恋人と別れて思い出の地を
ひとり旅してらっしゃる

ええ彼は……
慎太郎は
外国へ発ちました

慎太郎！？
……すると　もしや
あなたは千春さんでは？

えっ？
なぜ私の名前を

あ

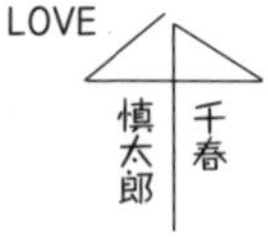
LOVE
慎太郎
千春

女もハード

It’s tough for girls, too

あち——

ビール　飲もう
ビール

私たちもつれてって

いいよ

それにしても
涼しそうなかっこ

いいなー　女の子は

あいつら　まだよく
女を知らないわねー

あちー

It’s so hot!
Let’s go have a beer!
Can we come, too?
Sure.
Her clothes looks so cool!
Girls are lucky!
Those guys don’t know anything about girls!
So hot!

Reiko, the president's secretary

社長秘書 令子

The president will be with you in a moment.
Why, it's Miss Reiko!

社長はすぐに
まいりますので

おお
レイコさん！！

Making someone as smart as you serve tea! I'm going to complain to the president for you.

あなたのような優秀な人に
お茶くみさせるなんて！！
私が社長に
文句言ってあげます

Of course I don't always serve tea. Only to really special guests!

もちろんいつもはしません
特別に大事なお客様にだけ
ですわ

So good to see you!
?

ドーモ
ドーモ

テレフォンサービス

Telephone service

もしもし　あたしー
いまちょっといい?

うん　なあに

Hello, it's me. Do you have a moment?
Yes, what is it?

申しわけないけど
いつもの連絡
頼みたいの

おやすい御用よ

Sorry to trouble you, but I'd like you to give the usual message.
No problem!

あ　もしもし
待ち合わせ時間の変更を
お知らせします

今日7時半
駅の東口でということです

Er...Hello. I'd like to inform you of a change to the meeting time.
It's today at 7:30 at the East Exit of the station.

はい　たしかに
ご連絡ありがとう
ございます

社内恋愛って疲れるわ

Yes, ma'am. Thank you so much for informing me.
Dating someone in the office is so tiring!

In other words, she's a playgirl

いわゆるイケイケ

I've got to go to an o-miai,* but he's not my type at all.
Oh dear!
I want to make him turn me down somehow.
That's easy!
Show him you're a real playgirl.
Put on lots of makeup and wear something like a tight leopardskin print miniskirt.
You had one like that. Can I borrow it?
Well, OK. I do have a lot of them.

お見合いすることに
なっちゃったの
ぜんぜん
タイプじゃない人と

あらま

なんとか向こうから
断られるようにしたいの

そんなの簡単よ

いかにもパーな
遊んでる女に見せるのよ

派手なメイクに
ヒョウ柄のミニの
ボディコンとか着て

そーゆーの持ってたよね
貸して

……うん
まあ　たくさんあるけど

*Before committing themselves to an arranged marriage (*omiai*), the prospective partners are given a chance to meet.

宣告　　Announcement

先輩
アフリカ旅行……

うん来月！
待ちどおしいわ──

アフリカ

子供のころからの
夢だったのよ
3年がかりでお金ためて
長期休暇やっととって

あ　おみやげ
楽しみにしててね

休暇取り消しなんて
とても言えませんっ

キミが急に
結婚退職するからなんだぞ
言ってくれよ

えーん
えーん

Er...about your trip to Africa...
Yes, it's next month! I can't wait!
AFRICA
It's been my dream since I was a child. I've been saving up for 3 years, and I've finally been able to take a long leave.
Look forward to your souvenir when I get back!
?
AFRICA
No way I can tell her her leave's been canceled!
It's because you're quitting to get married! Please tell her!
Panic
Oh dear

What if…

もしかして……

Oh no! I've only got these panties.
Three years old and worn out!
What if someone sees me in them?
Clickety-clack
If I suddenly get sick and get taken to a hospital… Or if I fall down in the office?
What happens if that handsome Mr. Yoshida in Sales asks me out to dinner and wants to go further? I couldn't in these…
Oh dear.
You missed your stop? But why?
Er…I was thinking about something.

やだー
こんなのしかない

3年物の
ヘロヘロパンツ

こんなの他人に見られたら
どうしよう

急病で病院に運ばれるとか
会社で転ぶとか

ガタン
ゴトン

もしかして
営業のプリンス
あの吉田さんに
食事に誘われて
もっと誘われても
このパンツじゃ……

うーっ

電車乗りすごした？
また　なんで

か　考えごと
してまして……

いずこへ？

Where does it all go?

なんだ　これ

牛乳やジュースの
紙パックです

What are those?
Juice and milk cartons.

1ヵ月でこんなに
たまるんですよ

ほー

See how they pile up in a month!
Indeed.

ささやかなことだけど
やらないより
やる方がいいと思って

そうだね

It's nothing much, but I thought it's better to do it than not.
You're right.

しかし
お茶とコーヒー以外
出てきたことないのにな

？？？

いつのまに……

But they've never served me anything but green tea and coffee.
???
When do they drink it?

Company sports meet*

社内運動会

Most of the tea is spilled, and it's too weak as well.
The number of pages in the documents is wrong, too.
Section Chief Yoshida, do it again, please.
What?
It's the OL training race—make tea for ten and put together a batch of documents.
It's not enough just being fast.
Hmm
Flip
OL judges are tough.
Of course!
Ho-hum

お茶
半分以上こぼれているわ
それに薄い

資料も
ページ数が合ってない

吉田部長
やり直してください

えっ

10人分のお茶を入れ
コピーをとじて
資料を作る
『OL入門レース』

早いだけではダメです

えーと
バサ

OL審査員
なかなかきびしい

あったりめえよ

ふふん

*Many companies arrange social activities for their employees, including sport meets, excursions, and end-of-year parties.

立場というもの

A matter of viewpoint

さーあ
恒例の役員による
200m走！

平均年齢62歳！！
だれが勝つでしょう

ワー
ワー

大学時代野球選手でした

私は今も
テニスできたえてますよ

なんの　私がいちばん
年下ですからね

ふふふ

社長
がんばってくださーい
キャー
山田専務
ファンでーす
キャー
鈴木常務
がんばって！！
キャー　キャー

微妙なのが
中間管理職

みなさん
がんばって
くださあい

Next, the 200-meter race for directors that everyone always looks forward to!
The average age is 62. Who's going to win?
Go!
Go!
I was on the baseball team at university.
I still keep fit by playing tennis.
What are you talking about? I'm the youngest of you all.
He-he-he
Go on and win, Mr. President!
I'm cheering for you, Managing Director Yamada!
Go for it, Director Suzuki!
Squeal
Squeal
Squeal
It's the middle managers who are strange.
Good luck to all of you!

Hating to lose

負けずギライ

That actress is so pretty, isn't she?
Yeah, but she's incredibly stupid!

この女優
キレイだよねー

信じられないぐらい
バカだけどねー

You hate losing out to anyone, don't you?
What do you mean by that?

負けずギライね

え？　なによそれ

Well, you never praise any girl singers or TV stars.
That's not true! Look at that girl! I like her!

だってぜったい
女のタレントとか歌手とか
ほめないんだもん

そーんなことないよ
ほらこの子！
あたし好きだな

What do you like about her?
She knows how to dress! You don't notice her body is too long and her face is too wide.

どこが？

着こなしが上手だから
胴長で顔デカなの
感じさせないでしょ

意外と正直

Unexpectedly honest

おはよ

あら　切ったのね髪！

Morning!
Hey, you cut your hair!

どうゆう心境の変化？

失恋でもした？

そんなんじゃないですよオ

What's changed in your life?
Did you get dumped?
It's nothing like that.

女が髪を切ると
いまだに同じこと言うのね

やんなっちゃうわー

When a girl cuts her hair, they always say the same things.
I can't stand it!

わあ　切ったのね
かわいーい

すてき　ずっとよくなった
似合ってる！

ワイ　ワイ　ワイ

……　……

Hey, you cut your hair! It looks cute!
It's nice! You look much better! It suits you!
……
Chatter
Chatter

Don't give up, young man!

がんばれ若様

I look like an ordinary office worker...
...but in fact I'll inherit a big company
This is all so I can learn about society...
...and find a girl who'll love me for what I am.
Sorry, but I just want to be friends.
You'll regret this in the future.
......
Self-disgust.

ぼくは平凡なサラリーマン

——のふりをしているが
実はある大企業の後継ぎだ

これも社会勉強のため

そして
ありのままのぼくを
愛してくれる
女性を探すためだ

ごめんね
友だちでいたいの

キミは将来
きっと後悔するぞ

……

自己嫌悪

私を探して！　Please look for me!

故障したエレベーターに
閉じこめられて
1時間がすぎた

だいじょうぶ落ちつくのよ
会社の人が気づいて
助けに来てくれるわ
ドキ
ドキ

It's an hour since the elevator broke down and she's been trapped.
It's OK. Just calm down! People in the office will notice I'm not there and will come to rescue me.
Thump
Thump

彼女は？

また無断欠勤じゃないの

それがダメでも家族が……

Where is she?
She must have taken a day off without permission again.
Even if that's no good, at least there's my family…

あら今日はアパートに
帰ってないみたい

どうせまた
遊び歩いているんだろ
ほっとけ

ぐ…

Oh dear, she didn't go back to her apartment today.
She must be out on the town again. Let her do what she wants.
WHAT?

神さま〜〜っ
心を入れかえますから
助けてくださあい

えーん
えーん
えーん

エレベーターサービスK.K.

Please, God, I'll turn over a new leaf. Please help me!
5
Sob
Panic
ELEVATOR MAINTENANCE CO.

Just two people

ささやかな二人

What's this? It won't do! Stay after work and do it again.
I hate him!

なにこれー
ダメだよこれじゃ！
残業してやり直してね

やなやつ

You must be hungry. Would you like a beanpaste bun?
Maybe he's not so bad.

ハラへったろ
あんまん食べる？

そうでもないかな

That's better. See? You can do it if you try.
I do hate him!

ま　こんなもんかな
やればできるじゃない

やっぱ　やなやつ！

Want to go out for noodles? My treat!
He's not so bad, after all.
They got married a year later.
CHINESE FOOD
NOODLES

ラーメン食う？
おごるわ

やっぱそうでもないかな

二人は1年後結婚した

中華
ラーメン

逆鱗(げきりん)3人娘

The divine wrath of 3 girls

こいつ
ひとまわりも年下の嫁さん
もらうんだって

じゃ19歳?
やるじゃないのオ

えへへっ

He's marrying a girl who's 12 years younger.
So she's 19? That's quite a catch!
He-he-he

嫁さんは若い方がいいよな
素直ですれてなくてさ

学生時代の友人
独身三羽ガラス

ぴくっ

For a bride, a young one's best. She's obedient and innocent.
Three old friends from school who are still single.
Twitch

タンタカターン

タンタカターン♪

Dum-Daa-da-dum
Dum-Daa-da-dum

私　柱の陰で
目をウルウルさせる

私は新婦を怨みがましく
見つめる

私は式の途中で
ハンカチかんで外へ走る
ひそ　ひそ

I'll hide behind a pillar with tears in my eyes.
I'll give the bride an accusing stare.
Midway through the service I'll run out biting my handkerchief.
Whisper
Whisper

One-sided recognition

一方的な顔見知り

I've brought along some girls from the office.
Oh!
Hello.

うちの会社のコ
つれてきたぞ

あっ

どーも

We take the same train everyday.
What? Er…

毎朝電車で
いっしょになりますね

え？
あ……
あの……

I guess you don't make much of an impression.
Oh, really?
Ha-ha-ha
Giggle

お前印象薄いんだよ

え〜〜
そうかな——

ははは

くすくす

I don't think that's the reason.
Clickety-clack
Zzzzz

……
ちがうと思う

くかー

ガタン
ゴトン

おもしろかった

That was funny!

ねえ

トン

え？

くる

プリッ

あらやだ
このカチューシャ
ちょっと小さいのよね

……
……

トントン

もっぺん見たいの？

Hey!
Tap
Tap
What?
Sproing!
Turn
Oh dear. It does that because it's a bit small.
……
You want to see that again?
Tap
Tap

The switching-jobs syndrome

転職シンドローム

Too many girls on the staff are leaving.
Shall we run an article on "Thoughts about changing jobs" in the newsletter?
Hmm
We'll use one story where it worked out and another that was a tragic failure.
What would that be?
Switching to Sales, quotas are tough and job conditions worse than promised.
Hardly any vacation for a whole year, stomach trouble, and more white hairs.
But that's our own employee!
I'll use a false name, of course.
I'm so tired.
Thump Thump

女子社員の退職が多すぎる

社内報で「転職を考える」
特集をやりましょう

うーむ

平凡な成功例と
リアルで悲惨な失敗例を
のせるんです

どんな

営業に転職したら
ノルマはきついし
条件はウソばっかだし

この1年ろくに休めず
胃を悪くして
白髪が増えました

うちの社員じゃないかっ

もちろんトク名にします

はー　つかれた

トントン

あぶない二人

Two people living dangerously

ここだけの話だけどー

山下さんとユミちゃんが
資料室でキスしてんの
見ちゃった

実は私も
二人を倉庫で見たの

私も応接室で

屋上でも見たよっ

……
あの二人って
……

ごく……

見られたいのよっ

キャー
キャー
キャー

This is just between us but…
I saw Mr. Yamashita and Yumi kissing in Archives.
Actually, I saw them in the storeroom, too!
And me, in the waiting room!
Up on the roof, too!
Those two…
Gulp!
…must just want to be seen.
What?
Ugh!
Aargh!

After ten years, her dream comes true

10年目のドリカム

Oh, I'm fed up.
I hate tests.
I wish the school would catch fire and burn down.
Ten years later
I hate work.
STATION
REAL ESTATE CO.
Something terrible's happened! The boss ran away in the night.
Jabber Jabber

あー　もお

やだなーテスト

学校なんて
火事になって
なくなればいいのに

10年後

あー　やだな仕事

えき

不動産K.K.

たいへんよ
社長が夜逃げしたわっ

ザワ
ザワ

寒波到来

A cold wave

ジャンケンポン

あ　負けた

気をつけて

うん

そーっ

ホカ弁買いに行くんでしょ
私のもお願い

うっ

お弁当10人前とお茶の葉と
タバコ2個

あとは切手か……

ピルルル
ピルルルル

ホカ弁

Stone-paper-scissors!
Oh dear, I lost.
Take care!
OK.
Creep
You're going to buy some hot box lunches, aren't you? Get one for me, too.
Oops.
Ten box lunches, tea, and two packs of cigarettes.
Now for some stamps.
Wheee
Whoosh
HOT LUNCH

Friendship and pride

友情とプライド

So I'll be going...
You've got a temperature. You'd better not go.
Cough Cough
But it's Miyuki's wedding!
She's been my friend since high school.
That's true, but...
Cough
All our other friends got married early...
...so we two single girls have given each other moral support for a long time.
If I'm not there, she might think I'm jealous.

じゃ　行ってきま……

おまえ　熱があるのに
無理しない方が……

ゴホ　ゴホ

でもミユキの結婚式だもの

高校時代からの親友なのよ

そりゃそうだけど……

ゴホ

仲良しグループが
みんな早くに結婚したあと

ひとりもの同士
ずっと支えあってきたのよ

欠席すると
やっかんでると
思われるかも
しれないでしょ

それは本能

That's instinct

コン　コン

はっ

おつかい頼む
眠気がさめるぞ

は　はいっ

くす

……

おそいな

居眠りして
電車　乗りすごしたんじゃ
ないですか？

バン

すいませんっ
うっかり家に
帰るとこでしたっ

Tap
Tap
Whaaat?
If I give you an errand, you won't feel sleepy.
Oh, OK.
Giggle
She's taking so long!
I wonder if she fell asleep on the train and missed the stop.
BANG
I'm sorry! I just instinctively headed for home.

They're the same age

同い年なのに

You're acting like a kid. Pull yourself together!
Hmph!
What do you mean by that?
Slap

ほんっと
子供なんだからっ
しっかりしてよ　もう!!

ペシ

なんだよ　それ

ムカ

Since leaving school, I can't help comparing my boyfriend, who's still a student, to the men in the office.
I really shouldn't do that.

社会人になってから
会社の男たちと学生の彼を
つい較べてしまう

いけないわね
こんなの

Since you became an OL, you're acting middle-aged.
WHAT?

OLになってから
妙におばさんぽいぞ
おまえ

ガーン

That's an awful thing to say!
I'm tutoring a high school girl, so I can't help comparing her...
Oops!
Sob

ひどーいっ

えーん　えーん

し　しまった

女子高校生の
家庭教師をしてると
つい……

プレゼンツ

Presents

あなたにもらった
このネックレスねえ

それぼくじゃないぞ

——で本命の彼に
ふられちゃった

うう

バカね
よくばるからよ

私なんて誕生日には
このブレスレットしか
もらわなかったのよ

5人から同じのもらって
4つは売ったの

これなら　ダイジョーブ

……

悪いけどそこまで
プロにはなれないわ

This necklace you gave me…
It wasn't me who gave you that!
…so my real boyfriend dumped me.
That was stupid. It's because you're too greedy.
Boo-hoo
On my birthday I only got this bracelet.
I got the same present from five boys and sold four of them.
I could never be that professional about it.
Then there's no problem!

The gossip hater

陰口ギライ

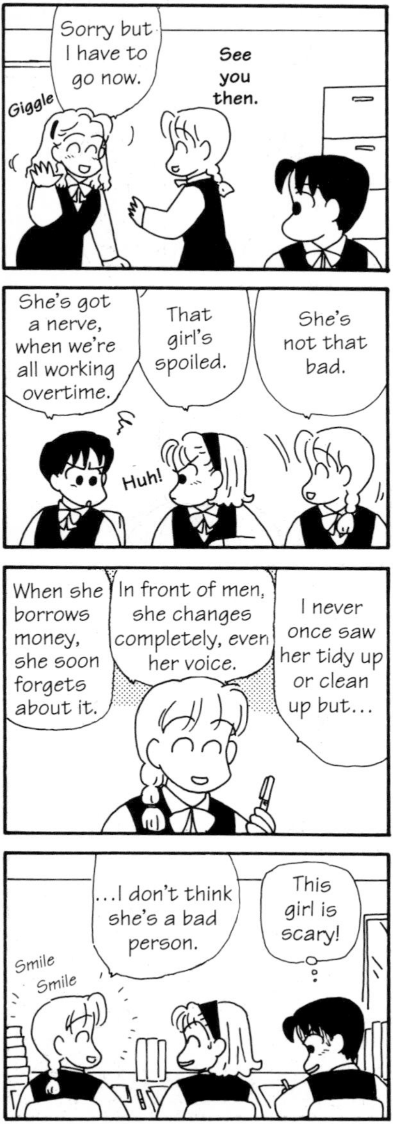
Sorry but I have to go now.
Giggle
See you then.
She's got a nerve, when we're all working overtime.
That girl's spoiled.
She's not that bad.
Huh!
When she borrows money, she soon forgets about it.
In front of men, she changes completely, even her voice.
I never once saw her tidy up or clean up but…
…I don't think she's a bad person.
This girl is scary!
Smile
Smile

ごめんねー
おさきにー

えへへっ

はい　はい

みんな残業なのに
いい度胸よね

あのコわがままだから

あら
そんな悪いコじゃないわよ

ブー

小銭を借りてすぐ忘れるし

男の人の前だと
声まで変わるし

掃除や片付けしてるのは
見たことないけど

悪いコじゃないと思うわ

にこ
にこ

……

こわいこの人

ラッシュの謎

Rush-hour mystery

過労で倒れたんだって？

――うん

無理がたたったんだな

朝の電車の中でばったりと

あのひどいラッシュで
ばったりは無理だろ

いやーけっこーあるんだ
すき間が

……
吐きそう

フラ

さっ

I heard you collapsed from overwork.
Well, yes.
The job pressure was too much…
…and I fell down in the morning train.
There can't be enough space to fall down in the rush hour crowds!
You wouldn't think so, but there's enough room.
I'm going to be sick!
Sway
WHOOSH

Before and after marriage　嫁入り前後

Mom, don't wash the curry pot yet.
Splash

お母さん
カレーのおなべ
洗うの待って

ジャー

You put some rice in and mix it well.
What a way to behave!

ゴハンを入れて
グリグリまぜて　と

もー　行儀悪いったら

I won't be able to do this after I get married next month.
Why are you talking like a child?
Gobble
Gobble

来月おヨメに行ったら
こんなこと
できなくなるのね

なに子供みたいなこと
言ってるのよ

はむ　はむ

After a year, it doesn't matter.
I see.
……
Tastes good!
Munch
Munch

1年もすりゃ平気のへーよ

そっかー

もぐ
もぐ
あら　おいしー

……　……

ゴールドラッシュ

Gold rush

うろ　うろ

ボク？

どうしたの

このへんで
100円玉落としたの

ぐすっ

あら一
さっきお姉ちゃんが拾った
これかな？

翌日

……
……

ワイ
ワイ

Dither
Dither
Hey, little boy!
What's wrong?
I dropped ¥100 around here.
Sniff
Look! Could it be this one I just picked up?
Next day
……
Noise
Noise

Typical Japanese OLs

OL・日本人的

Hey, what shall we eat?
Spaghetti? Soba'd be good, too.
I prefer Japanese food.
Does anyone want to go eat curry with me?
Curry?
Then I'll go by myself. See you later!
Well… Umm…
She's so independent!
You've got to admire her!

ねーねー
なに食べよ

スパゲティかな
おそばもいいな

あたし和食の方がいい

ねえ
だれかいっしょに
カレー食べに行かない?

カレー……

えーと
えーと

んじゃ一人で行くわ
また後でね

自立してるなー

えらいっ

食べっぷり

Eating style

ミートスパゲティと
ピラフと
チョコレートパフェ

はい

ちょっと 聞いた？
いまの

太りそうねー

へんな取り合わせ
子どもみたい

ひそ　ひそ

こら　見るのやめなさいよ

だって気になるじゃん
どんな風に食べるのか

……

午前中やなことが
あったのね
きっと

**がつ
がつ**

Spaghetti bolognese, a pilaf, and a chocolate parfait.
Yes, ma'am.
MENU
Did you hear that just now?
Sounds fattening!
It's a weird mixture, like a child would order.
Whisper
Whisper
Whisper
Stop looking at her!
But I'm interested. How's she going to eat it?
Something bad must have happened this morning.
Gobble Gobble

The dynamic eater

ダイナミック

Noodles in miso* soup.
Same for me.
OK.
And me.
You're well-prepared.
Yep.
Yank
You even brought a napkin?
I'm bad at eating noodles.
Flap
And please get as far away as possible.
It flies in all directions.

みそラーメン

私も

私も

はい

あら
用意がいいのね

ん

きゅっ

えっ　ナプキンまで？

あたし
ラーメン食べるの
ヘタなのよ

パサ

それから
できるだけ離れてね
飛ぶから

*Miso (fermented soybean paste) is a basic ingredient in Japanese cooking.

空き缶をひろう女

The girl who picks up empty cans

お　感心だな

すっ

非常口

ゴミ

あーあ
高校生じゃあるまいし

社内全面禁煙なんて
オーボーよね

That's impres-sive!
Whisk
EXIT
?
TRASH
It's not like we're high schoolers.
This no-smoking in the office rule is over the top, isn't it?

Senõrita

スパニッシュ・レディー

So I'll leave this assignment to the two of you.
We'll do our best.
Psst! Do you know what her nickname is?
Whisper
No.
?
It's Carmen!
She's good at her work, but she's got one bad habit.
You mean she seduces men?
Watch out!
......
No, she always takes a siesta after meals.
Snore

じゃあこの件は
キミたち二人に任せるから

はい　がんばります！

おい
彼女のあだ名
知ってるか

いいえ

ひそ

カルメンというんだ
仕事はできるが
ひとつだけ
困ったクセがある

えっ　いわゆる
魔性の女ってやつですか？

気をつけろ

……
……

いや
食後必ず昼寝(シエスタ)をするんだ

んごー

あこがれ

What I'd like to be

帰るわよ
なにしてんの

いない

受付

あたし
将来受付嬢に
なりたいな

だってラクそうなんだもん

ばかねえ
ラクな仕事なんて
そうそうないのよ

受付だってたいへんよ
一日ずっと座りっぱなしで

冷え性や痔にだって
なるんだから

えーっ
ぢはやだな
ぢは

I'm going home now. What are you doing there?
No one here.
RECEPTION
I'd like to be a receptionist someday.
It seems such easy work.
Don't be stupid! Easy work is hard to find.
Even a receptionist's job is difficult—sitting down all day!
The cold gets to you and you get piles.
What? Piles? I don't want to get piles!

Partly honest

部分的正直

Hey, Tanaka, wake up.
Zzzzz

こら田中
起きろっ

か——…

Huh?
I don't know how you can sleep so soundly like that.
Giggle

あ……

よくそこまで熟睡できるな

くす　くす

Sorry. I've been working so hard recently.
Liar! You've been playing TV games all night, haven't you?

すいません
最近どうも過労ぎみで……

うそつけ
徹夜でテレビゲーム
したんだろ

How did he find out?
His fingertips are twitching like this.
Whisper
Whisper

どうしてバレたんだろう

こう指先が
ピクピクしてんの

ひそ
ひそ

告白のうら側　The other side of the story

お　おれ
キミのことが好きなんだ

えっ

ちょっとー
ずっと友だちで
いまさらそんなー

——だから照れくさくて
隠してたんだよ

あのね
私の耳に
もう入ってんだけど

なにが？

急に海外赴任が決まって
あんたがお見合い
しまくってるって話よ

Er…I'm in love with you.
What?
Wait a moment! We've been friends for so long, why come out with that now?
I'm embarrassed. That's why I've kept it hidden.
I've already heard, you know.
That what?
That you've just been posted overseas and you've been trying to find someone to marry.

Control

コントロール

I'm back
Hey, where's Mom?
She says she's gone over to Grandpa's for a few days.
It's bad here. Father's got the flu and Mother's hurt her leg.
All right. Don't worry, we'll be fine here.
I left ¥10,000 for food, and you can have whatever's left over as pocket money.* Hope you can manage!
Eh?
What shall we do about dinner? Get something delivered?
No way! We'll make curry by ourselves!
Mom really knows how to manipulate him.
10000

ただいま

あれママは？

2〜3日おじいちゃんち
行ってるって

お父さんがカゼひいて
お母さんが
足をケガしちゃって
たいへんなの

わかった
こっちは
だいじょうぶだから

食費1万円置いといたから
残った分は
あなたのおこづかいよ
がんばってね

うー…

晩メシどうするの
出前でも取る？

いや自炊だ
カレーを作るぞ

ママってたいしたもんだわ

*Wives are usually in charge of the family budget, and dole out "pocket money" to their husbands for drinks, cigarettes, and so on.

遠くて近くて遠い

Far yet near

転勤か……
家を建てたばっかりなのに

うむ

単身赴任か？

いや

じゃ家をひとに貸すのか

……いや

うちから赴任先へも2時間
今と変わらないんだ

……
そうか

You've been transferred? But you just built a house.
I know.
So you'll be living apart from your family?
No.
Then you're going to rent out your house?
No.
It takes 2 hours from my house to the new office.
About the same as now.*
I see.

*A two-hour commute to the office is far from uncommon in Japan.

The chameleon

カメレオン男

When I was in head office, I was too quiet and never stood out.
I'll use this transfer as my chance to be outgoing and energetic.
From now on…
OSAKA
No good. I overdid it.
This time I'll be very strict about work.
NAGOYA
I went too far and the girls gave me the cold shoulder.
I'll be more gentle and warmer.
SENDAI
I wonder what sort of character he'll adopt now.
Next year, I'll see how he does in Kanazawa.
Tee-hee
SECRET REPORT
PERSONNEL

本社ではおとなしくて
目立たなかった

転勤を機に
明るく元気になるぞー

よーし

大阪

いかん
ちょっと調子に乗りすぎた

今度は仕事にきびしい
男になるぞ

名古屋

やりすぎて
女の子にうとまれちゃった

もうすこしやさしい
家庭的な男になろう

仙台

次はどんなキャラクターに
なるんだろう

来年は金沢へやってみよう

くすくす

㊙報告書

人事部

ポラロイド

Polaroid

ひさしぶりー　元気！

うんっ

聞いてよ　聞いてよ
今日ねー

Long time no see! How're you doing?
I'm fine.
You know what? Today...

うちの課にひさしぶりに
男の新入社員が
3人も来たの！

しかもみんな
いい男なのよっ

...three new boys joined our section—the first time in ages!
And they're all good-looking!

長いことおじさんしか
見てないから
だれでもいい男に
見えるんじゃない？

くす

You're so used to seeing only old men that any boy would seem dishy, right?
Giggle

まあ見てよ
写真撮ったの

……

ホントに
うれしかったんだなー

Wait, see for yourself! I took a photo.
She must be really happy about it!

Where it hurts

痛む場所

I went to that new French restaurant in front of the station.
Oh, I did, too!
Really? Didn't you think it was awful? That taste!
It wasn't good, was it?
With that stupid deluxe decor and high prices, who do they think they are?
Yes, there are lots of places like that recently.
It's inexcusable! They're just making fools of us!
Grrrr
I suppose so.
That's the difference between someone who pays for herself and someone who's paid for.

駅前の新しい
フランス料理の店
行ったんだけどー

あ　私も行った

ほんと？
ひどいと思わない？
あの味！！

うん
おいしくなかったねー

内装ばっか立派で
ばかみたいに高いくせに
なんなのあれはっ

うーん
最近ああいう店多いからー

許せないわっ
バカにしてっ

ガオー
そーねー

自腹を切ったやつと
おごってもらったやつの
差だなー

忘れないでね

Don't forget

明日は英会話の日でしょ

月謝忘れないでね

それからお風呂の修理

今日中に大家さんに
頼みに行くこと

それに燃えないゴミ！！
明日こそは出しなさいよ

だれに電話してたの？

自分ちの留守番でんわ

Tomorrow's your English conversation lesson.
Don't forget the monthly fee.
And there's the bath to be repaired.
You've got to ask your landlord about it today.
And the non-burnable trash! Don't forget to put it out again tomorrow!*
Who were you talking to on the phone?
Just my answer-phone.

*In Japanese cities, burnable trash is collected three times a week and non-burnable trash, such as metal and glass items, once a week.

The same for many years

何年も変わらず

Oh, it really suits you!
You think so?
But the ¥78,000 price tag is a problem. My budget's ¥50,000.
But you should buy a good-quality suit.
You can wear it for many years, so it ends up cheaper.
I guess you're right.
One year later
Damn!
I'm definitely going on a diet.
Yank!

あー
似合う　似合う

そう？

でも7万8000円は痛いなー
予算は5万円だもん

スーツはいい物買った方が
いいわよ

何年も着られて
結局トクだもん

……
そうねえ

1年後

くそー

ぜったいやせるぞ

ギュッ

たくみのかみ

It’s better to be smart

接待の席で取り引き先の
課長を殴ったそうだね

申しわけありませんっ

どんな相手でも大事な
取り引き先なんだぞ
なぜガマンしなかった

……部長

オレも何度殴ってやろうと
思ったことか

お前の気持ち
よくわかるよ

こんなことに負けるな
がんばれ！！
みんな……

でもルールは
ルールなのだった

ちえっ

さいはて営業所

I heard you hit that section chief client of ours when you were entertaining him last night.
I’m very sorry about it.
A customer is a customer, whatever he’s like. Why didn’t you control yourself?
Sorry, boss.
I’ve wanted to hit him lots of times.
I understand just how you felt.
Don’t let it get you down, and don’t lose heart!
Thanks, all of you.
But the fact is, rules are rules.
Tsk!
REMOTE SALES OFFICE

Practice makes perfect

練習と成長

How do you like it?
It's delicious!
You're a good cook.
♪

どお？

おいしい　おいしい

料理　上手ねえ
♪

That's not good enough! Give me honest criticism! Otherwise I won't improve.
Oh, I see.

だめよ
もっと正直で
シビアな批評をして！！
でないと成長しないわ

う……うん

The stew tastes good, but it's a little too sweet.
The salad would be better without green peppers.
Umm
I see.
I see.

シチューはおいしいけど
少し甘味が強すぎる

このサラダ
ピーマン入れない方が
いいみたい

んー
ふむ　ふむ

You've been having a boy to dinner recently, haven't you?
I've got dessert, too. Strawberry mousse!
I knew it!

近々オトコが
来るんだろ——

あっ　デザートもあるんだ
いちごのムース！！

こらー

表裏のある女

A girl with two sides

すいません
まだできてなくって……

いいよ　半分やってあげる

ぱ

こんなのそのうち
慣れるからねっ

ははは

あの先輩気さくで
いい人ね

でもさー
男の前じゃ別人みたいに
なるって話よ

え――っ！？
あの人がブリッコするの？

えー
やだー

いや　そうじゃなくって

じゃあこれいつものように

ハ　ハイッ

ずっと女子校でいまだに
免疫ないらしいの
……
……

カチン　コチン

I'm sorry, I haven't been able to finish yet.
It's OK. I'll do half for you.
You'll soon get the hang of it.
Ha-ha-ha
Snatch
She's good-natured, isn't she?
But I hear she acts differently in front of men.
Really? Does she flirt?
Oh no.
I couldn't.
It's nothing like that.
This as usual, then.
Y-Yes, sir.
She went to an all-girls high school, so she still can't get used to talking to men.
Stiff
Tense
……

I'm telling you…

I don't know what's up with you, but…
…you're not desperate and thinking of doing something stupid, are you?
Shock
Does it seem that way?
Very much so.
When a young girl eats 30 tuna sushi by herself…
…it's a last meal before leaving this world, right?
Don't worry. I'm just stuffing myself 'cause I'm feeling desperate, nothing more.
Munch
Munch

だから……

おじょうさん
あんた
何があったか知らないけど

ヤケになって
ばかなことする気じゃ
ないだろうね

ドキ

そんな風に見える？

それ以外に考えられねーよ

若い娘が一人で
トロばっか30個

冥土のみやげなんだろ

心配しないで
単なるヤケ食いだから

もぐ　もぐ

意外な結末

An unexpected result

結婚だと？
早すぎるっ

そうよユミ
あんたたちまだ
18歳じゃないの

がんばって
結婚しなさいよ
私も協力するからさ

おねえちゃん

ありがと

ぐすん

この6畳間も
私のもんになるし

んふっ

そうかー
うちに婿に
来てくれるのかー

あんたどうする？
部屋なくなるけど

ガーン

Marriage? But you're far too young!
That's right, Yumi. You're both only 18.
Don't give up. Go ahead and get married. I'm with you.
Oh, Sis!
Thanks so much!
No more sharing! This six-mat room will be all mine.
Lucky!
Sniff
You mean it? You'll come and live with us?
What will **you** do? You'll lose your room.
WHAT?

Self-criticism's no use

反省 役に立たず

Morning!
Wow, what happened to you?
I couldn't sleep last night.
I don't know why I made that mistake.
You worry too much. We'll both go and apologize and that'll be the end of it.
Ha-ha-ha
He's going on and on...
......
Zzzzz
Clunk

おはよー

あらら　どうしたの

ゆうべ眠れなかったのよ

どうして
あんなミスしたのかしら

気が小さいのねえ
二人でとにかく謝れば
すむことよ
行きましょ

ははは っ

……長いなー

……
……

うと

カク

ボクのスゴイところ

My good point

なんとか彼女とデートの
約束したけど……

そうかー
でもおまえ
口べただからなー

ここは何としても
アパートに連れ込め！
お前の実力は
外じゃわからないから

う……
うん

すごーい
知らなかったわ

尊敬しちゃう

お漬物まで
自分で漬けるなんて

コ　コーヒーいれようか

I managed to get her to agree to a date, but…
Really? But you're no good at conversation.
Make sure you take her to your apartment. It's hard to appreciate your talents outside.
Er… OK.
It's wonderful! I had no idea!
I really admire you.
Even making your own pickles!
W—Would you like some coffee?

Reiko, the president's secretary

社長秘書 令子

EXIT
You take the elevator. I'll use the stairs.
Yes, sir.
OOPS
Sob Sob
OOPS
Are you tired?
No…well, yes.
Phew

キミはエレベーターで
上がりなさい
私は階段を使うから

はい

非常口

はっ

しく　しく

はっ

お疲れですか？

いや……
まあ　そうだね

フー

動かぬ証拠

Undeniable evidence

はっ

あれ？　どうしたの

さっ

3年前に別れた人なの
幸せになった姿を見るの
まだつらいわ

へーえ
あの人がねえ……
でも……

どう見てもあの子
3歳くらいだけど
変じゃない？

あっ！！

Wha–
Hey? What's wrong?
Turn
It's someone I split up with 3 years ago. It still hurts to see him so happy.
What? You mean that man? But...
...the child looks at least 3 years old. Isn't that a bit weird?
WHAT?

The professional

プロ

Fool!
BAAM!
Oh.
Dribble
Squeeze your nostrils shut.
Keep your head up.
Put something cold on your nose and it'll soon stop.
Rush
Fuss
She's a nurse by profession.
....
Idiot!
RUN

ばかっ

バシ

あ

だら〜

鼻翼をつまんで

頭を高くして

鼻の上を冷やせば
すぐ止まるわ

さっ
てき　ぱき

……
……

彼女は看護婦さんである

ばかーっ
だ　だ

OL歳時記

OL's seasonal calendar

4月　花粉症

べくしゅっ

ぐしゅ
ずはー
ずはー

5月　5月病

わたしは
なぜ
ここにいるの？
ブツ
ブツ

6月　冷房病

ゴォーン
ブルル

おお
すずしい

OLをやってく自信が
持てなくて……

今やめてどうするのっ
7月はボーナス
8月は夏休みよっ

April:
Hay fever
Atishooo
Sneeze
Sneeze
Tishooo
May:
May depression*
What am I doing here?
June:
Air conditioner sickness
Whoosh
Shiver
Nice and cool.
I don't think I'm cut out for this job.
Why quit now? In July we get our bonus and August is summer vacation.

*May depression is common among new employees, who start their jobs in early April, as well as among students, since the school year begins then, too.

False image, real image, and others

Wow, Bali, eh?
You're going there for your summer vacation?
I'm thinking of it.
BALI
Japanese girls have quite a reputation there these days—buying local boys and so on.
He-he-he
Didn't you know?
BALI
What's his problem?
So stupid!
There're always people like that. They swallow every-thing they read in magazines.
Huh!
And occasionally there's someone like this who just pretends to be innocent.
So irritating!
We should complain!
It's sexual harass-ment!
It is!

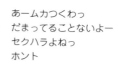

虚像、実像、その他

ほー　バリ島か

夏休み　行くの？

ええ　まあ

バリ

このごろ日本の女の子
むこうですごいらしいね

現地の若い男
買ったりとかしてさー

へへへっ
知ってる？

バリ

なんなのあいつはっ

いやあねー

かならずいるのよ
週刊誌の記事
うのみにするやつ！

プン

あームカつくわっ
だまってることないよー
セクハラよねっ
ホント

そしてたまにいる
なにくわぬ顔して
その通りのやつ

社長秘書 令子

Reiko, the president's secretary

あっ

あら

BANK
Oops!
?
Oh!

キミのお知り合い？

はい

じゃあ

どうもー

Do you know her?
Yes.
See you later.
Bye.

しかしどこかで
会ったような

気のせいですわ
私のご近所の方ですから

たたっ

But I feel I've seen her somewhere.
You're imagining things. She lives near me.
?
Rush

ママ　今日もキレイだねー

んー
んー

ありがとう令子さん

You're looking good today, as usual.
Lovely!
I owe you one, Reiko.

Show it to us!

Clickety-clack
Eh?
STARE
He just looks like a normal guy. Why are they all staring at him?
Glance
Who is it?
Who can it be?
SHOTGUN WEDDING

こっちに向けて

ガタン
ゴトン

ん

じーっ

どう見ても
ふつーのおっさんなのに
なんだこの熱い視線は……

ちら

だれが？

だれなのっ

電撃結婚！！

結婚保険

Marriage insurance

なんだー
あいかわらず
オトコいないのかー

自分こそ
ひとりもんじゃないの

ははは
べー

オレたち気が合うしさ
30までお互い独身だったら
結婚しちまおーか

ひっく…

ドキ

……来年だよ

あーそーかー
なんかずっと先みたいな
気がしてたけど

あははは
はは

35まで
お互いひとりだったら

やなこった！！

ははは

What? You still haven't got a boyfriend?
Ha-ha-ha
You're by yourself, too!
Yaah!
We get along well, so if we're still single when we're 30, why don't we just get married?
Jolt
Hic!
That's next year, you know.
Oh, is that right? I thought it was still a long way off.
Ha-ha-ha
Ha-ha
So if we're still single when we're 35…
No way!
Ha-ha-ha

Within range

射程距離内

This is a gorgeous sofa!
Wow! It's Italian and costs ¥1 million?
It must be about that.
Wow! This diamond ring costs ¥1 million as well!
That's normal for a diamond ring.
I'd like a dinner set like this someday.
It's ¥850,000 for the set. Quite cheap, isn't it?
Ho-ho-ho
FURS
Mom's acting as though she can afford anything.
Her secret stash must be more than a million yen now.
? ? ?

いいな　このソファー

うげーイタリア製で
100万だって

ま　そんなもんでしょうね

このダイヤも
100万円だって
すごいね

ダイヤの100万なんて
並よ　並！

こんな食器
いつか買えたらいいなー

セットで85万円？
意外と
お安いんじゃなくって？

ホホホ

ママ　なんだか
気だけは大きい

へそくりが100万越えたな

毛皮

社長秘書 令子

Reiko, the president's secretary

林さんへのお中元
どういたしましょう

ん？
例年通りスコッチでいいよ

でも去年胃を
悪くされたのでは？

ああそうか
禁酒してるかもしれないな

いや　しかし
病人あつかいすると
気を悪くするかもしれん

そうゆうやつだ

奥様にでも
電話でうかがえば
いかがですか？

あー　本人は元気だが
お中元は干し椎茸と
海苔がいいそうだ

よろしく

ハイ

What shall I do about Mr. Hayashi's mid-year gift?
What? Send him some scotch, the same as every year.
But wasn't his stomach in a bad way last year?
You're right. He's probably not allowed to drink.
But if we treat him like an invalid, he'll probably feel offended.
He's like that.
What about telephoning his wife and asking?
She said he's fine, but she'd prefer a gift of dried mushrooms and seaweed.
Please see to it.
Yes, sir.

Both viewpoints

両方の意見

It's been a long time!
I'm so glad to see you! Come in, come in!

おひさしぶりです　先輩

わあ　なつかしい
はいって　はいって

In our newsletter we're doing a special issue on in-company marriages, so I wanted to ask you about it.
Fine by me.
Ha-ha-ha

社内報で社内結婚の
特集をするので
お話をうかがいたくて

いいわよ
ホホホ

Isn't this too one-sided?
Do you think we need to interview the husband, too?

これじゃ片落ちじゃない?

ご主人のインタビューも
いるかな?

No, no!
Interview someone whose office love affair didn't work out!
……

ちがう　ちがう

社内恋愛に破れた人にも
インタビューしてよ

……
……

ハイレグと内圧

Bathing suits and internal pressure

1日目　ハワイ

パシャ

2日目

パシャ

3日目

パシャ

4日目

シャツ脱がないの?

ダメなの
おなかが出てきたの
便秘で……

でもピース

Hawaii: Day 1
CLICK
Day 2
CLICK
Day 3
CLICK
Day 4
You're keeping you shirt on?
Yes! I'm so constipated my tummy's sticking out.
Anyway—Cheese!

The company's intention

会社の意向

Our company uniforms are cute.
I'm getting too old for it.
That's the problem.
More than half the girls who joined at the same time as me have left. I wonder if I should change jobs, too.
That's the company's intention.
Look at that old hand! She's still here!
It was seeing her that gave me the idea.

うちの制服は
かわいい

それが問題だ

なんだか
似合わなくなってきたなー

同期のコも半分以上
いなくなったし
私も転職しようかしら

そんなの
会社の思うツボじゃない

先輩を見なさい

いや……
見たからそう思うんだけど

占い適齢期

Fortune-telling for the best age to marry

へー
『運気算明占い』？

占いにもいろいろ
新しいのが出てるわねー

えーと
まず表Aで生まれ年の
運命数を見ますか……

パラ

表A
生年

運命数

もう「女の子」ではないと
知るのはこーゆー時だ

けっ

バン

Look at this! Computer fortune-telling!
There are lots of new things even in fortune-telling.
YOUNG GIRL
Let's see. First turn to Chart A and find your fate number from the year of your birth.
Flip
YOUNG GIRL
Chart A
Year of birth
Fate number
1962
6
1963
18
1964
7
This is when I realize I'm no longer young.
Huh!
Slam

Paradise and reality

楽園と日常

Hey!
A postcard!
I'm on vacation at this South Sea island.
I'm relaxing on a quiet beach with no tourists.
She hasn't even called me for ages…
What's up with her?
…so why send me this all of a sudden?
Whoosh
I'm so bored!
I wonder if there's anyone else I can write to.

あら　絵ハガキ

あつー

南の島にバカンスに
来ています

観光客もいない
静かなビーチで
のんびりしてます

長いこと電話も
してこないくせにー

どうしてこんなのだけ
来るのよー

こいつは

ブーン

あー退屈

もう他に手紙出せる相手
いなかったかしら

友だちだから

Because we're friends

このCD
テープにとって
あげようか？

あ
うれしい

Shall I copy this CD for you?
Oh, that'd be wonderful.

この本面白かったよ
読む？

サンキュ

ミカちゃんは
親と住んでいるので
私よりリッチです

This book was good. Do you want to read it?
Thanks.
Mika lives with her parents so she has more spending money than me.

一人暮らしを
豊かにしてくれる
いい友達です

週末はこれでOK

ハイツ

She's a good friend who makes living alone more comfortable for me.
Now I'm all set for the weekend.
ROOMS

スリルも味わえます

あっミカちゃんの
お母様ですかっ

ミカちゃん　いま
お風呂はいってんですよー

あははっ

I also get to experience a few thrills.
Oh, is that Mika's mother?
Mika's in the bath right now.
Ha-ha-ha

A 3-year-old's discovery

3歳児の発見

Who's the little boy?
My nephew got dumped on me.

なに　その子

いやー　おいっ子
押しつけられちゃってさー

Sorry about this on our date.
Smile
It's all right. I love kids.

ごめんね　デートなのに

いいわよ
あたし子供大好きだもん

うふ

Oh, he's so cute.
What is it? You're very shy, aren't you?

うふっ　かわいい

あら　どうしたの
恥ずかしがり屋さんねー

She has hair on her toes.

足のゆびに毛がはえてる

ケチではなくって　It's not that she's mean

ご注文はお決まりですか

え————と

Are you ready to order?
Er... well...

あのー
つれが来てからで
いいですか？

はい

Can I wait till my friend gets here?
Sure.
MENU

おまた……

出よう

あ

だっ

Sorry I'm late...
Let's go!
Wha—
DASH

あやうく何か
飲むとこだったぞ

喫茶店で待ち合わせは
まずかったわね

ふう

I was just going to have to order something.
It wasn't a good idea to meet in a café.
Phew!
BEER

Come to think of it

そういえば

Hey, did you notice that Chief Yamada always wears the same tie?
Yes, the weird-looking purple one!

ねえねえ
山田主任って
ずーっと同じネクタイ
してない？

うん
あずき色の
へーんなやつでしょ

They say 5 years ago it used to be bright red!
HA-HA-HA
Stop! It hurts.

あれさー
5年前は
まっ赤だったんだってー

きゃはは
ははは っ
やめて〜っ

Welcome home. Is something the matter?
……

おかえり
あらどうしたの？

……
……

It's a tie? Why? It's not even Father's Day.
Just use it, OK?
I'm throwing your old one away.
Swish

ネクタイか
父の日でもないのに
どうした

いいから使って

この古いの捨てるわよ

する

バランス

The right balance in ordering

イカと
タマゴ

はいっ

エビと
えーと

タコ

ドキ

よかった　予算内だ

ホ

ごちそーさまー

寿司

おすしおごってもらうのは
いいけど

疲れるのよ
ほどよく注文するのって

ぜーたくものっ

Squid and egg roll, please.
Coming up.
Shrimp and...
...octopus.
Thump Thump
Great! It was within my budget.
Thanks for the meal!
SUSHI
Phew!
It's nice getting taken out to sushi...
...but it's exhausting having to order so carefully.
You can't have it both ways!

Reiko, the president's secretary

社長秘書 令子

It's the first time I've met a woman as smart as you.
In business, it doesn't matter if you're a man or a woman.
Ho-ho-ho
Can I borrow Reiko for a moment?
Well, I suppose so.
?
Is she going to steal her right in front of my eyes?
Hmm.
I've heard she's a real go-getter, but…
Your makeup hasn't run at all. What brand do you use?
Eh? Really? Do you think so?
Tell me, tell me.

いやー
あなたのような
才覚のある女性には
初めてお会いしましたよ

ビジネスに男も女も
ございませんわ

ホホホ

ちょっと令子さんを
お借りしますわ

はあ

なんだ　私の目の前で
引き抜きか？

やり手とはきいていたが

ううむ

まー　少しも化粧くずれ
してないわね
どこの化粧品使ってるの？

は？
あの……そうですか？

おしえて
おしえて

察する　Realization

うちのヤツとケンカして
出てきた

しばらく置いてくれよ

いいけど

バン

どうしてケンカなんか……

ま　いろいろ
あいつ短気だからさ

ふん

ハラへったなー
ビールは
フロは

新聞ある？
つまみもね

はいよっ
ドタ　バタ
ブー

事情は知らんが
おまえが悪い！

なんだよそれー

ハー
ハー

I quarreled with my wife and walked out.
Can I stay here a while?
I guess so.
BANG
What did you fight about?
Lots of things. She's so bad-tempered!
Hmph
I'm starving!
What about a beer?
Is the bath ready?
Rush Rush
Coming!
Got a news-paper?
Got some nibbles as well?
Bubble
I don't know what happened with your wife, but…
…you're the one to blame.
What do you mean by that?
Pant
Pant

The girl who got them together

縁を結んだ女

In other words, you want two copies of each?
Ah, er... Y–Yes.
That boy's so useless. He gets on my nerves.
Why are you so hard on him? He's a nice person.
Huh!
Giggle
Getting angry with him shows you really like him deep down.
What?
One year later
This is all because of what I said.
?
Tremble

ようするに
コピーを2部ずつ
とればいいんですね？

あ……そう
そうです

ほら　あの人って
要領悪いでしょ
イライラしちゃうわ

どうしてそう悪く言うのよ
いい人なのに

プン
くす　くす

気になる気持ちのウラ返し
なんじゃないの？

……
え？

1年後

私の一言が
ここまで育ったんだわ

じ～ん

コミュニケーション中毒　Communication addict

うあーっ

電話代3万円！？

長電話やめなくちゃ

……私が

かけてばかりいたのね

しーん

What?
¥30,000 for the phone bill?
I must stop making long calls.
So it was me...
...who was calling everyone all the time.
SILENCE

Sweet talk

甘い話

Psst, come here.
I got this cake from a client, but there's not enough to go around.
Ooo! We won't tell!
I should have remembered what my mother said.
What's that?
Never accept sweets from strange men.
I'm not forcing you to work overtime.

ちょい
ちょい

お客さんに
ケーキもらったんだけど
みんなで分けるほど
ないから……

はーい
ナイショにしまーす

お母さんの言うこと
きくべきだったわ

なんて？

よそのおじさんに
お菓子もらっちゃ
いけないって

この残業は
強制はしてないよ

それはそれとして

That's that, but…

そこのフランス料理のお店
今日はすごい
サービスデーだよっ

どんな？

いつもは3000円の
ランチですが
今日はお客様が
召し上がったあと
ふさわしいと
思われる料金を
お支払いください
——店主

さすがにおいしかったわね

そのへんの
一万円のディナーより
上じゃない？

こんなにおいしいの
初めてよ

100円でいいですかあ？

はい　もちろん

おそるべし
OL！！

That French restaurant is offering a special deal today.
What deal?
The lunch is usually ¥3,000, but today customers can pay whatever they think it's worth.
MANAGER
That was really good, wasn't it?
Much better than most ¥10,000 dinners, right?
I've never eaten anything this delicious.
So is ¥100 OK?
Of course.
OLs are terrible!

Qualifications for a Prince Charming

王子様の資格

P—Please, will you go out with me.
What?

つ　つきあってください

え？

B—But I'm stupid and slow…
…and I'm not at all pretty.

あ　あたしなんて
グズだしノロマだし

ちっとも
キレイじゃないのに

I don't care!

かまわないよ

It was going well, but she turned me down.
I wonder why.
You should have said…
…"That's not true!"

寸前まで
いいかんじだったのに
ふられてしまった

どーしてだー

「そんなことないよ」
と言うべきだったな

ふりだしに戻る

Going back to "Go"

彼とは学生のころから
10年近く
単なる友だちでした

I've known him almost 10 years, ever since school.

ふむ　値段も手ごろだし
まあまあだけど

すごーく好きって
わけでもないなー
よそもまわろっと

Hmm, it's not too expensive and it's an OK suit.
But I'm not crazy about it. I'll go look some-where else.

でも最近
この人といる時が
いちばん自分らしく
いられるってことに
気づいたんです

But recently I realized that I feel myself with him.

あーあ
思ったほどいいのないわ
あってもバカ高いし

もお　疲れたわ
最初の買っちゃお

ふー

Oh dear, there weren't any as nice as I thought, and they were so expensive.
I'm exhausted. I'll just go back and buy that first one.
Phew!

I hate losing

負けるもんか

My hob-bies?
Tennis, golf, cross-country running, swimming, playing the piano, chess, shogi, go*…
Wow, that's incredible!
Not really. I begin doing them because of my friend, and at first I'm really keen, but then I give up…
Do you get bored easily?
No, I can't stand losing. Once I've beaten my friend, it's all over.
……
That guy you refused at your *o-miai* the other day—that was my friend.
You mean…?
Ha-ha

趣味ですか？

テニス・ゴルフ
マラソン・水泳
ピアノ・チェス
将棋・碁……

まあ　すごい

いやー
友だちの影響で始めて
一時期熱中しては
やめてしまうから……

あきっぽいんですか？

いえ
負けずギライなんです
その友人に勝ったら
おしまい

……
……

あなたが先日断った
お見合いの相手

あれ僕の友人ですよ

ふふっ

ガタ！

**Shogi* is Japanese chess. In the game of *go*, two players place black and white stones alternately on intersecting lines on a board.

社長秘書 令子

Reiko, the president's secretary

しーん

むすっ

今後ともどうぞよろしく

は
こちらこそ

では

なにか気にいらないことが
あったんでしょうか

さあ
いつも無愛想な人だから

お手洗いに立たれた時
ハナ唄をうたってらした
そうです

SILENCE
Hmm
I hope we can work together in the future.
Yes.
The same here.
I'll be going now.
I wonder if something upset him.
Well, he's always a little grumpy.
I was told that he was humming when he was in the toilet.

A girl's superior

女の子の上の人

Shall I come in person and explain it to you in detail?
No. It's useless to talk to a girl. Put me on to your superior.
Yes, this is the chief.
Yes… Yes…
If it's about that, I don't know all the details.
Will you speak to the person in charge again?
You're a cool guy, Chief.
Or was that just the honest truth?
Of course!

直接そちらにうかがって
くわしくご説明
いたしましょうか？

いいよ　もう　女の子じゃ
らちあかない
上の人に代わってよ

はいお電話代わりました

はい……
はい……

その件でしたら
私では細かい部分までは
わかりかねます

もう一度担当の者と
お話願えますか？

課長ってば
すてき

それとも
正直なだけですか？

だけです

女の勲章

A girl's reward

ぎゃー

ちょき
ちょき

おねーちゃん
ケンタが
寝てる間に
ほらっ

あっ

ぴーっ

ごめんねー
おわびに何か
買ってあげるからー

きげん直してよ　ねっ？

このガキャ

アハハ

その頭！！
その指輪！！

いったい何があったの？

ま　いろいろね

ふっ

ざわっ

WHAT HAVE YOU DONE?
Snip. Snip.
Sis, look what Kenta did while I was asleep!
Oh dear.
Waaa
Sorry. I'll buy you something to make up for it.
Please stop being angry.
Damn this kid!
STORE
Ha-ha-ha
That hair! That ring!
What on earth happened?
Well, a lot.
Huh!
Squeal

A lonely night

Meow
Work wasn't going well, and I had no boyfriend.
You're all alone, too? Do you want to come home with me?
I was feeling so very lonely.
Meow
But looking after him is troublesome. I'm regretting it a bit.
What do you mean? Cats are all right!
Purr Purr
Come to think of it, I heard you've started living with your boyfriend.
I'm regretting it.
Meow

さびしい夜

にゃー

仕事はうまくいかないし
恋人もいない

あんたもひとり？
うちに来る？

なんだかむしょうに
さびしかったの

にゃーん

でも世話がだいへんでさー
ちょっと後悔してんの

なに言ってんの
ネコならいいわよネコなら

ゴロ
ゴロ

そーいえば……
最近　同棲始めたって
ウワサだけど……

後悔してるわ

にゃ？

名人いろいろ　Different kinds of experts

ごちそうさま

コト

魚をキレイに食べる人って
育ちがよさそうに見える

わー

カニをキレイに
食べる人って

わー上手！！

からっぽ

ほじ
ほじ

ねー　ねえってばー

もしもし？

カニ以外は
眼中にない

ほじ　ほじ　ほじ　ほじ
ほじ　ほじ　ほじ　ほじ

That was delicious.
Chink
A person who can eat every last bit of a fish…
…looks well brought up.
Look at that!
A person who can eat every last bit of a crab…
That's skillful!
Dig Dig
Picked clean!
…can think of nothing but crab!
Hey, are you listening?
Hello?
Dig Dig Dig

The boss who's become a buddha

ホトケになった社長

You've become very easygoing, haven't you?
Yes. Getting angry's not good for one's health.
These days I've stopped shouting at the staff.
I'm very sorry this is late.
One or two days doesn't matter. What's important is the content.
Smile
Smile
I'll bring some more immediately.
More important...
...did you burn yourself?
My behavior's started the rumor that we're going bankrupt.
......

ずいぶん
丸くなられましたね

はい
短気は健康にもよくないし

最近は社員をどなるのも
やめました

申しわけありませんっ
遅くなりましたっ

いや
1日2日遅れてもいいよ
大事なのは内容だ

にこ
にこ

す　すぐにかわりを
お持ちします

そんなことより

ヤケドしなかったかい?

そしたら
わが社がアブナイという
噂がたちまして

......
......

クール

Cool

おいしかったねー

わあ　我ながら
ニンニクくさーい

ギョーザの大将

ギョーザ

あ――っ
今日このあとデートって
言ってなかった？

あ……

どうする？
どうする？

オロ
オロ

んー
喫茶店でミルク飲んで
よーく歯をみがけばいいん
じゃないかな

……もう下り坂なんだね

……うん

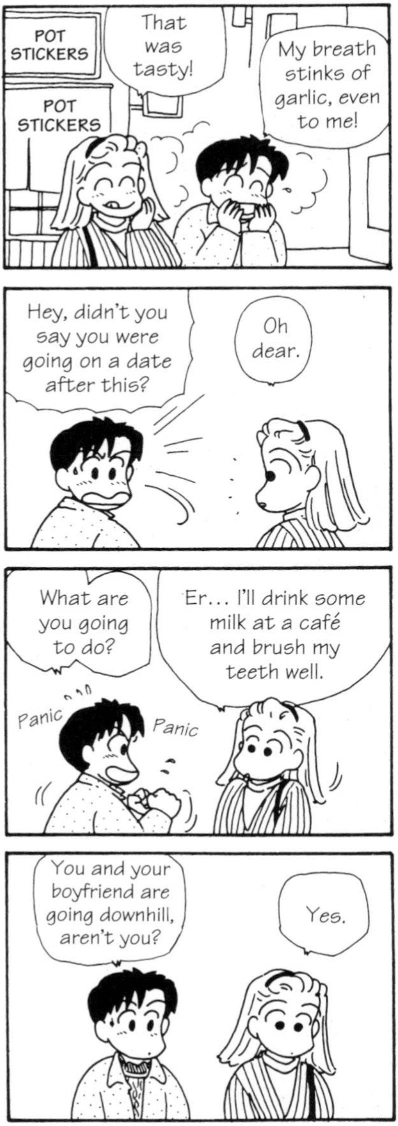
POT STICKERS
POT STICKERS
That was tasty!
My breath stinks of garlic, even to me!
Hey, didn't you say you were going on a date after this?
Oh dear.
What are you going to do?
Er… I'll drink some milk at a café and brush my teeth well.
Panic
Panic
You and your boyfriend are going downhill, aren't you?
Yes.

Beautiful living

美しい暮らし

① CLASSY INTERIOR
①: BONUS
① CLASSY INTERIOR
① CLASSY INTERIOR

ハイソ
インテリア

The very same interior design magazine…
CASHIER
CLASSY INTERIOR
CLASSY INTERIOR

まったく同じ
インテリア雑誌が

パラ

レジ

Your wedding's next month. Will you have everything ready?
The trouble is I can't find a good sofa.
…is being used as a catalogue by one…
CLASSY INTERIOR

お式来月なのよ
まにあうの？

だって
なかなかいいソファー
見つからないのよ

片方は単なる
カタログとして

…and as a fairytale by the other.
Hmm

片方はおとぎ話として
読まれている

ほ〜っ

社長秘書 令子

Reiko, the president's secretary

ペコ

Bow

さら
さら

Scribble
Scribble

電話して

Call this number.

はい　これなら
修理できますよ

令子さん
ありがとう

ホーッ

古美術

Yes, we can repair it.
Thanks, Reiko.
Phew
ANTIQUES

When you marry…

結婚すると……

Oh, you're wearing old lady's under-wear.
It's better than wearing lots of layers!
This is what happens when you marry…
Huh!
Just a moment! I'm not letting you get away with that!
BANG
I've worn this underwear for years and I'm fond of it.
It's just that before we got married, I didn't wear it on dates…
…and I caught cold lots of times because of that. You have no idea!
S– Sorry!
Although I don't really understand what she's on about.
?

あー
おばさんくさい
シャツ着てら

着ぶくれするより
いいじゃないのー

結婚するとこれだからなー

ふっ

ちょい待ち！！
聞きずてならないわっ

バッ

あたしはこのシャツ
ずーっと愛用してるの

結婚前のデートの時は
着てなかっただけなのっ

おかげで
何回カゼをひいたことかっ
そんな苦労も知らないで
あんたはー

ご　ごめん

なんかわからんけど
？

願いはひとつ

Only one wish

キラッ

あっ
流れ星だ！

願いごとしなきゃ

すてきな恋人……
美人になる……
元気で長生き……

えーと
えーと

でも
それだけでホントに幸せ？

確実なのは
やっぱりお金よね

だけどいきなり
大金持ちになるのって
なんかコワイし

うーっ

小金持ちになりたいっ

残念でした
時間切れです

Glitter
Oh, a shooting star!
I have to make a wish.
That I have a wonderful lover...That I become prettier... That I have a long healthy life...
Er...Er
But will that bring true happiness?
Money is the safest thing.
Umm
But it's scary to get very rich suddenly.
I want to be a little rich!
Sorry, time's up!

Lovers and the Japanese economy

日本経済と恋人たち

Last year my boyfriend was in a real estate company, so it was a deluxe Christmas.
He gave me a Bulgari watch as well.
This year my boy-friend's just a normal office worker, so we'll spend it quietly at home.
I've knitted a scarf for him.
That girl changes men so quickly.
Women are scary.
But he's the same person.
I'll work really hard and give you nice things again someday, OK?
Come on, eat up!

去年の彼は不動産屋で
すごくリッチな
クリスマスだったわ

プレゼントに
ブルガリの時計もらったし

今年の彼はふつーの
サラリーマンだから
地味に家の中ですごすの

彼のために
セーター編んだのよ

なーんとまー
変わり身の早い

女はコワイ

♪

でも彼は同じ人なの

うんとがんばって
いつかまた
お前にぜーたく
させてやるからなー

ほれ
食え

コートの中身

Under the coat

コンビニで
バイトしてると

世の中
いろんな人がいるなあって
思います

たとえば
毎週日曜の昼ごろ来る

女スパイのようなこの人

いつもこのかっこうだな

なんだろ　芸能人かな

さーて
食料品仕入れたし

もう外に出なくていいぞ

単なる起きぬけの
OLでした

パサ

Working part-time in a convenience store...
...I realize there are all sorts of people in the world.
For example, every Sunday around noon...
...a woman comes in, looking like a spy.
She's always dressed like this.
I wonder why. Is she an actress?
Now I've got food...
...I don't have to go out again.
Flop
She's only an OL who just got out of bed.

Reiko, the president's secretary

社長秘書　令子

The meeting's starting soon. Has the president come back yet?
No.

そろそろ会議なんだが
社長はまだ
お帰りじゃないですか？

はい

They say he left over an hour ago.
That's strange. It's only 30 minutes by car from there.

訪問先は1時間以上前に
出られたそうです

車なら30分のところなのに
へんだな

Perhaps something's happened to him.
It's cold today, so…
Panic
Panic
MAP

……もしや
何かあったのでは

今日は冷えますから……

オロ　オロ

地図

NOODLES
There's a call for you.
HERRING NOODLES
It must be Reiko.
She can see right through you!
Hmm-

お電話でございます

令子くんだな

お見通しかあ

うーむ

そば
にしんそば　900

ケーススタディー

Case study

遅かったのね

ごめん
おふくろを
病院まで送ってきたんだ

このおだんごおいしい

うん
おふくろに
買って帰ろうかな

茶店

私があげたネクタイ
どうしてしてくれないの？

んー
おふくろが
似合わないっていうしー

ブー

はい正解
これはかなり
あぶないですね

マザコン判別法

You're late.
Sorry. I drove Mother to the hospital.
These dango* are good, aren't they?
Yes, I might buy some to take home to Mother.
茶
TEAS
Why don't you wear the tie I gave you.
Mother says it doesn't suit me and…
BUZZER
Correct! This is a very serious situation.
How to Know A Mother's Boy

*Dango are a popular snack of dumplings of ground rice, grilled on skewers and covered with a sweet sauce.

Taste and memory

味覚と記憶

FLOWER GRILL
Their beef stew is really expensive, but it was good, wasn't it?
What?
I don't remember...
What? We ate there together 2 or 3 years ago.
Are you sure it was with me?
What do you mean? Of course it was!
Ah, this taste!
Now I do remember.
I have a feeling I fell into a trap.

グリル花

ここのビーフシチュー
すごく高いけど
うまかったよねー

……え？

あたし……
知らない……

えっ
2〜3年前
いっしょに食べたじゃん

……
ほんとにあたしと？

そうだよ
なに言ってんの

あ　この味！

思い出した
思い出した！

……はかられたよーな
気がする

妻はひとりで

When the wife's alone

今から帰る
いや食事はいいよ

マメに電話しますね
奥さんこわいんですか？

こわい

ずっと前遅くなって
そっと家に入ったら

お茶の間で顔を白く塗って
不思議な踊りを踊っていた

このおそろしさは
独り者にはわからんよ

パックしながら
ヨガかなんか
してたんでしょ？

くす
くす

I'm coming home now. No, I don't need dinner.
You always call home, don't you? Are you scared of your wife?
I am.
Once, a long time ago, I got home late and when I crept into the house...
...I saw her in the living room with her face painted white, doing a strange dance.
A bachelor wouldn't understand how terrifying that was.
She was only doing yoga or something with a face pack on, right?
Giggle

Reiko, the president's secretary

社長秘書 令子

How did it go?
The contract was safely signed. Oh, I'm so relieved!
Tonight we must celebrate. Let's take the staff out to Restaurant Blowfish.*
But you need reservations there well in advance.
I've already made reservations.
Always thinking ahead, Reiko!
But there was a chance things wouldn't go well.
In that case, the president would be sure to take them out to thank them for their hard work.
Whisper

いかがでした？

無事　契約にこぎつけたよ
いやー　よかったよかった

今夜は祝賀会だ
スタッフ全員で
「ふぐ重」に行こう！

でも　あの店はかなり前に
予約が必要ですが

予約なら入れてあります

おっ　さすが令子くん

……
うまくいかない
可能性もあったんだよ

その場合
社長はきっと
慰労会をなさいますわ

ひそ　ひそ

*Blowfish (*fugu*) is a popular but expensive delicacy. Parts of the fish are poisonous, so its preparation requires a special chef's license.

運命の承認印

The seal of Fate

そのままいけば結婚して

一生をともにする
はずだった二人が

離ればなれになり
まったく別の運命を生きる

――たとえば

……
……

この一枚の転勤の
辞令のせいで

あー
おもしろいったら
ありゃしない

ポン

人事部長

If these two carry on this way, they'll get married…
…and spend their whole lives together.
If they're split up, they'll go very separate ways.
For example…
……
…all because of this single sheet of paper—notice of a job transfer.
Oh…
…this is such fun!
Bang
PERSONNEL CHIEF

A single girl's perception

シングルガール心得

Look, isn't this a pretty dress? What about buying something like it in the spring?
Eh?
Styles like that…
…never suit me.
Munch
Munch
Don't talk like that!
Lines like that…
…should be said by a girl who has a nice boyfriend to reply, "That's not true."
Don't say any more!
Whimper

ねえ　このワンピース
すてきね
春になったらこうゆうの
買わない?

んー?

でもどーせ私なんか

そんなの似合わないし

もぐ
もぐ

だめよそんなこと言っちゃ

そーゆーセリフはね

「そんなことないよ」って
言ってくれる
やさしい彼がいるコが
言うもんよ

やめてよー
やめてよー

うう……

追わないで　　Don't follow me

お……
おい

ばかっ

もお　知らないっ

ガタ
わあーっ

待てよ　おいっ

だーっ

どこ　行ったんだ

ザーッ

ハー
ハー
ハー

あ……

ゴミ

H–Hey!
Idiot!
I don't care any-more!
Scrape
BOO-HOO!
Hey, wait!
Run
Where's she gone?
DOWNPOUR
Pant
Pant
Oh.
TRASH

Dad's warning

父の忠告

You two are starting to look more and more alike these days.
We're about the same inside as well, so don't expect too much from me.
I won't.
Ha-ha-ha
So you see...
Oops.
I'm working as hard as I can, even if it only gets me this far.
I know.

最近ますます
似てきたわねー

中身も
同じくらいなんだから
あまり期待しないよーに

してない
してない

あはははは

あのな

あ……

精いっぱい努力して
この程度なんだからね

うん

告白

Confession

じつはね　私ね
好きな人がいるの
思いきって
告白しようかと……

えーっ　だれ？
社内の人？

だれにも言わないでね

営業の小川さんなの

……
……

ごめん

うらまれるのやだから
先に言うわ

あたし
半年前から
小川さんとつきあってるの

やっぱし

おい
こら

にっ

Actually, there's someone I like and I was thinking of coming out and telling him…
Really? Who is it? Is he in the company?
Don't tell anyone, OK?
It's Mr. Ogawa in Sales.
……
Sorry. I don't want you to hate me later so I'll tell you now.
I've been seeing Mr. Ogawa for the last 6 months.
I knew it.
Hey, what have you made me say!
Snicker

Two in collusion

なれあう二人

Is it OK if I go out for a bit at 3?
OK.
Whisper
RECEPTION
But, in return, let me leave at 5 on Friday, OK?
A date, right? Sure.
I didn't get on with her at first and I was worried how things would turn out.
When you get talking to her, she's nice.
It's about time to move people around.
Hmm

ねえ
3時からちょっと
出てきていいかな

うん

ひそ　ひそ

受付

そのかわり
金曜は5時に帰らせてね

デートね
いいわよ

最初は気が合わなくて
どうなるかと思ったけど

よく話してみると
いいコじゃない

そろそろ
配置がえの時期ね

ふむ

私にくらべて

Compared to me

彼女　マジメですよね
いつ見ても
いっしょうけんめい

ほー

お茶の時呼んでも
2～3分で
すぐ席に戻っちゃうしー

へー

喫茶店にさそっても
昼休みか終業後しか
いっしょに来ないし――

え？

あ　今のなし
今のはなし！

She's hard-working, isn't she? She always does her best.
Oh...
If you invite her for a chat during tea break, she's always back in her seat in two or three minutes.
Really...
And if you ask her out to a café, she'll only come during lunchtime or after work.
What?
Oh, forget the last bit!

I'll explain

解説します

What would you like?
The full barbecue course and... the breaded cutlet with rice.
A full-course lunch with fried meat... and one with a breaded cutlet?
Yes.
Someone else is joining me soon.
Oh, I see.

ご注文は？

焼肉定食とかつどん

焼肉定食と……
かつどんですか？

はい

すぐにもう一人来るんです

あ
ハイ
ハイ

生きかたが変わる時

ぼくたち
結婚します

えーっ！？

いつの間に
お前ら

彼女から
アタックしたんだって

3ヵ月でゴールインか

やるわねー

残念だったね
あんたも彼のこと……

いやね
そんなマジじゃ
なかったのよ

あははは

あれ？
いつもは卵焼き最後でしょ

好物は先に
食べることにしたのっ

ぱく

——こたえてるじゃん

When someone's life changes

We're getting married.
Since when did you get together?
WHAAT?
They say she went after him.
And scored in 3 months.
Wow! She's something!
Poor you, eh? You liked him.
No, no! It wasn't that serious.
Ha-ha-ha
Eh? Don't you always leave the egg roll until last?
I've decided to eat what I like first from now on.
So she **is** hurting!
Gobble

Enthusiasm is relative

比例する熱意

You'd better start going back or it'll be too late.
OK. Oops, I've lost an earring.
It's a round silver one. Look for it before I come next time, OK?
OK.
WEST EXIT
It's time to go back.
Hey, where's my earring?
Help!
It's a pearl one. Look for it! Look for it!
This one must be expensive.

そろそろ帰らないと
まずいんじゃない?

うん……
あ　イヤリングがない

銀色の丸いやつ
次に来るまでに
探しといてね

うん

西口

帰る時間だよ

あ――っ
イヤリング
どこっ

探して探して
真珠のやつっ

今日のは高いんだね

ひーっ

経済のいちばんはしっこ

First economic signs

いまお帰りですか
お早いですね

ええ

うちも残業や接待
めっきり減りましたよ

不況なんですねえ

きのうスーパーで
ポケットティッシュ
買ったの
すごくひさしぶりに

へー

考えてみたら
街を歩いててティッシュ
もらわなくなったのよねえ

不況なのねえ

Going home already? Isn't it early for you?
I suppose so.
Our company has cut back on overtime and entertaining clients, too.
It must be the recession.
Yesterday I bought a pack of tissues at the supermarket—the first time in ages.
Really!
When you think about it, they don't give out tissues on the street anymore.*
It must be the recession.

*Small packs of tissues, handed out near train stations or wherever people congregate, are a well-known form of advertising.

The company's ideal order　会社が望む順序

You want to take a whole week off?
At such a busy time?
Yes. I really want this holiday.
So unreasonable!
It causes so much trouble.
It's her on the phone.
What?
I came to a decision during my trip. I'm quitting.
You should have quit before your trip!
Whoosh

有給休暇1週間も？

この忙しい時に？

はい
どうしても取りたいんです

まったく
もー

困ったもんだ

 から電話です

え？

旅に出て決心がつきました
会社やめます

やめてから
旅に出ろっ

ひゅーっ

核心はつかないで　Don't get to the truth

彼ったらひどいのよ

仕事が忙しいとか言って
すこしもかまって
くれないの

あらら

ここ1ヵ月
電話もくれないの
こっちからかけても
留守電だしー

——え？
それ　ヘンだよ

ぶつ　ぶつ

……
……

いくら忙しくても
電話1本できないはず
ないもん
あんたのこと
避けてるんじゃない？

ねえ聞いてよ
彼ったらねー

逃げちゃダメだよっ

He's horrible, you know…
He says he's so busy he can't see me.
Oh dear.
He hasn't called for a month, and even if I call, I get the answerphone.
What? That's suspicious!
Mutter Mutter
……
However busy he is, he should have time to make one call. Could he be trying to avoid you?
Hey, listen. You know my boyfriend…
Don't run away from reality!

Public announcement

公称

Your birthstone's ruby, right?
Wow!
It's so pretty. Thank you.
It's a pity it's too small.
You should have asked my size first.
What? That's strange. I asked your friends.
What?
Oh!
Why did you lie to your friends?
Because I knew they were never going to buy me a ring.

誕生石
ルビーだったよね

まあ……

すてきありがとう

でもざんねんね
小さいわ

先にサイズ
聞いてくれれば
よかったのに

あれー？
ヘンだな
きみの友だちに
教えてもらったのに

え？

あ

どうしてそーゆー
ミエを張るのかなー

だって友だちが指輪
くれるなんて思わないもん

価値観の相違　Different values

社会人になってひと月

話の合いそうな
友だちもできました

ところであなた
彼はいるの？

えーと彼氏って
言えるかなー

バイトで知り合った
大学生なんだけど
気が合うの
ときどき映画見にいったり

もうやった？

社会は思ったより
フクザツなようです

One month after joining the company...
...I've already made some friends that I seem to get along with.
So do you have someone special?
Well, I'm not sure you'd call him a boyfriend.
He's a university student I got to know at my part-time job. We get along OK, and go to the movies sometimes.
Have you done it with him yet?
The company seems more complicated than I thought.
......
?

Capitalistic development

資本主義的展開

These pot stickers are delicious.
Did you make them yourself? Wow!
Ha-ha-ha
Actually the part-timer—his name's Oh—he made them.
Hello.
So that's it!
These are definitely going to be very popular.
You've hired someone good. Your business will do well.
Do you think so?
Hey!
Ha-ha
Some-time later
What? No pot stickers?
What happened to the part-timer?
He quit.
He's starting his own shop.
?

このギョーザ
おいしいっ

おじさんが作ったの？
すごーい

へっへっへ

じつはバイトの
王くんが作ったの

ヨロシク

なんだー

ぜったい人気出るわ　これ

おじさんいい人雇ったわね
商売繁盛まちがいなし！

そーかな
このー
ハハ

その後

あれ？
ギョーザは？
王くんは？

やめたよ
自分で店を始めるそうだ

二人でお出かけ　Going out together

あたし服とか見たいから
2時間後入り口で
待ち合わせしましょ

うん

デパート

おそい

あの……お電話が

え?

ごめん
うっかりいつものクセで
家に帰ってしまいました

……
……

I want to look at clothes and things, so let's meet at the entrance in two hours.
OK.
DEPT STORE
She's late.
Excuse me, there's a phone call.
What?
Sorry, I forgot about you and came home as usual.
……

対訳 ＯＬ進化論（しんかろん）①
Survival in the Office
The Evolution of Japanese Working Women Vol. 1

1999年３月26日　第１刷発行
2001年４月13日　第８刷発行

著　者　秋月（あきづき）りす
訳　者　ジュールス・ヤング，ドミニック・ヤング
発行者　野間佐和子
発行所　講談社インターナショナル株式会社
〒112-8652　東京都文京区音羽 1-17-14
電話　03-3944-6493（編集部）
03-3944-6492（営業部・業務部）
ホームページ　http://www.kodansha-intl.co.jp
印刷所　大日本印刷株式会社
製本所　大日本印刷株式会社

定価はカバーに表示してあります。

Printed in Japan
ISBN 4-7700-2390-1

講談社バイリンガル・コミックス

ホームページ　http://www.kodansha-intl.co.jp

吹き出しのセリフは英語、コマの外にオリジナル版の日本語を添えた画期的なレイアウトで、原作のもつ雰囲気と面白さはそのまま。楽しく読みながら英語の勉強になる！

46判変型（113 x 188 mm）仮製

バイリンガル版 ラブひな

LOVE♥HINA
ラブひな
KEN AKAMATSU 赤松 健

Love ♡ Hina　赤松 健 著

第 1 巻	144ページ	ISBN 4-7700-2715-X
第 2 巻	128ページ	ISBN 4-7700-2716-8
第 3 巻	128ページ	ISBN 4-7700-2717-6
第 4 巻	128ページ	ISBN 4-7700-2743-5
第 5 巻	128ページ	ISBN 4-7700-2811-3

バイリンガル版 カードキャプターさくら

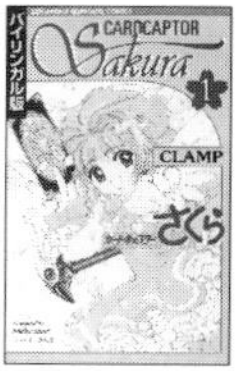
CARDCAPTOR
Sakura
CLAMP
さくら

Cardcaptor Sakura　CLAMP 著

第 1 巻	192ページ	ISBN 4-7700-2644-7
第 2 巻	192ページ	ISBN 4-7700-2645-5
第 3 巻	192ページ	ISBN 4-7700-2740-0
第 4 巻	192ページ	ISBN 4-7700-2744-3
第 5 巻	192ページ	ISBN 4-7700-2745-1

バイリンガル版 金田一少年の事件簿

THE NEW
KINDAICHI
FILES

The New Kindaichi Files

金成陽三郎 原作　さとうふみや 漫画

第1巻 オペラ座館殺人事件	192ページ	ISBN 4-7700-2599-8
第2巻 異人館村殺人事件	192ページ	ISBN 4-7700-2600-5
第3巻 雪夜叉伝説殺人事件	176ページ	ISBN 4-7700-2601-3
第4巻 雪夜叉伝説殺人事件：解決編	160ページ	ISBN 4-7700-2669-2

天樹征丸 原作　さとうふみや 漫画

天草財宝伝説殺人事件：問題編	176ページ	ISBN 4-7700-2670-6
天草財宝伝説殺人事件：解答編	144ページ	ISBN 4-7700-2671-4

バイリンガル版 GTO

バイリンガル版
GTO
TORU FUJISAWA
藤沢とおる

Great Teacher Onizuka　藤沢とおる 著

第 1 巻	192ページ	ISBN 4-7700-2602-1
第 2 巻	192ページ	ISBN 4-7700-2603-X
第 3 巻	192ページ	ISBN 4-7700-2604-8

バイリンガル版 部長 島耕作

DIVISION CHIEF
KOSAKU SHIMA

Division Chief Kosaku Shima　弘兼憲史 著

第 1 巻	176ページ	ISBN 4-7700-2633-1
第 2 巻	128ページ	ISBN 4-7700-2634-X
第 3 巻	128ページ	ISBN 4-7700-2635-8
第 4 巻	144ページ	ISBN 4-7700-2693-5
第 5 巻	128ページ	ISBN 4-7700-2694-3

バイリンガル版 あさきゆめみし
The Tale of Genji 大和和紀 著

星の章（上） 160ページ ISBN 4-7700-2700-1
星の章（下） 144ページ ISBN 4-7700-2701-X
花の章（上） 160ページ ISBN 4-7700-2702-8

Genji

バイリンガル版 天才バカボン
The Genius Bakabon 赤塚不二夫 著

第 1 巻 160ページ ISBN 4-7700-2697-8
第 2 巻 160ページ ISBN 4-7700-2698-6
第 3 巻 160ページ ISBN 4-7700-2699-4

FUJIO AKATSUKA
Bakabon

対訳 サザエさん 長谷川町子 著
The Wonderful World of Sazae-san

第 1 巻 170ページ ISBN 4-7700-2075-9
第 2 巻 168ページ ISBN 4-7700-2093-7
第 3 巻 198ページ ISBN 4-7700-2094-5
第 4 巻 164ページ ISBN 4-7700-2149-6
第 5 巻 176ページ ISBN 4-7700-2150-X
第 6 巻 160ページ ISBN 4-7700-2151-8
第 7 巻 168ページ ISBN 4-7700-2152-6
第 8 巻 168ページ ISBN 4-7700-2153-4
第 9 巻 172ページ ISBN 4-7700-2154-2
第10巻 172ページ ISBN 4-7700-2155-0
第11巻 176ページ ISBN 4-7700-2156-9
第12巻 168ページ ISBN 4-7700-2157-7
全12巻セット ISBN 4-7700-2435-5

The Wonderful World of
Sazae-san
サザエさん

対訳 よりぬき コボちゃん
Kobo, the Li'l Rascal 植田まさし 著

第 1 巻 144ページ ISBN 4-7700-2662-5
第 2 巻 144ページ ISBN 4-7700-2663-3
第 3 巻 144ページ ISBN 4-7700-2664-1

対訳 OL進化論
Survival in the Office 秋月 りす 著

第 1 巻 144ページ ISBN 4-7700-2390-1
第 2 巻 144ページ ISBN 4-7700-2501-7
第 3 巻 144ページ ISBN 4-7700-2502-5
第 4 巻 144ページ ISBN 4-7700-2695-1
第 5 巻 144ページ ISBN 4-7700-2696-X
全 5 巻セット ISBN 4-7700-2749-4

SURVIVAL IN THE OFFICE
進化論
秋月 りす

対訳 ディルバートの リストラ社会 生き残り術
Dilbert スコット・アダムス 著

176ページ ISBN 4-7700-2446-0

ディルバートの
リストラ社会
生き残り術

講談社ルビー・ブックス

ホームページ　http://www.kodansha-intl.co.jp

英文書がスラスラ読める「ルビ訳」

> The word *rubi*(ルビ) in the phrase(成句) "*rubi* translation(ルビ訳)" is derived(由来する) from the name of a precious stone(宝石), the ruby(ルビー). European type(活字) sizes were formerly(昔は) assigned(与えられる) such fanciful(奇抜な) names, and "ruby" indicated(示す) the small size of 5.5 points. In this series, difficult English words are glossed(注釈をつける) in *rubi* so that readers can fully enjoy the book without continual(ひんぱんな) reference(参照) to a dictionary.

アルジャーノンに花束を
FLOWERS FOR ALGERNON
DANIEL KEYES
ルビ訳
ダニエル・キイス

「ルビ訳」とは？　「わかりにくい単語・イディオム・言い回しには、ルビ（ふりがな）のように訳がつく」――これが「ルビ訳」です。疑問をその場で解決し、最後までどんどん読み進むことができます。必要なとき以外は本文に集中できるよう、実物では「ルビ訳」の部分が薄いグリーンで印刷されています。

- 文脈がつかみやすく、「飛ばし読み」「中断・再開」してもストーリーが追えます。
- 自分なりの訳が組みたてられ、読解力がつきます。
- 基本的に辞書は不要。短時間で読み終えることができます。

46判変型（113 x 188 mm）仮製

1	**ホームズの名推理・ベスト5** コナン・ドイル 著	208ページ	ISBN 4-7700-2370-7
2	**老人と海** ヘミングウェイ 著	128ページ	ISBN 4-7700-2373-1
5	**金田一少年の事件簿　雷祭(いかずちまつり) 殺人事件** 天樹征丸 作　さとうふみや 画	144ページ	ISBN 4-7700-2447-9
6	**アルジャーノンに花束を** ダニエル・キイス 著	304ページ	ISBN 4-7700-2372-3
7-①	**そして誰もいなくなった** アガサ・クリスティ 著	272ページ	ISBN 4-7700-2547-5
7-②	**オリエント急行殺人事件** アガサ・クリスティ 著	272ページ	ISBN 4-7700-2665-X
7-③	**ABC殺人事件** アガサ・クリスティ 著	272ページ	ISBN 4-7700-2661-7
7-④	**アクロイド殺人事件** アガサ・クリスティ 著	304ページ	ISBN 4-7700-2719-2
9	**ティファニーで朝食を** トルーマン・カポーティ 著	128ページ	ISBN 4-7700-2377-4
10	**ふしぎの国のアリス** ルイス・キャロル 著	176ページ	ISBN 4-7700-2549-1
11	**シェイクスピア物語** ラム 著	240ページ	ISBN 4-7700-2559-9
12	**あしながおじさん** ジーン・ウェブスター 著	176ページ	ISBN 4-7700-2597-1
13	**リトル・トリー** フォレスト・カーター 著	272ページ	ISBN 4-7700-2551-3

14	**グリム童話集** グリム兄弟 編	208ページ	ISBN 4-7700-2605-6
15	**マディソン郡の橋** ロバート・ウォラー 著	192ページ	ISBN 4-7700-2624-2
16	**ブラウン神父の名推理・ベスト5** チェスタトン 著	192ページ	ISBN 4-7700-2625-0
17	**ベスト・オブ・O・ヘンリー** O・ヘンリー 著	128ページ	ISBN 4-7700-2656-0
18	**怪盗ルパン** モーリス・ルブラン 著	256ページ	ISBN 4-7700-2657-9
19	**初秋** ロバート・B・パーカー 著	240ページ	ISBN 4-7700-2658-7
20	**夏への扉** ロバート・A・ハインライン 著	256ページ	ISBN 4-7700-2660-9
21	**セブン** アンソニー・ブルーノ 著	256ページ	ISBN 4-7700-2679-X
22	**火星年代記** レイ・ブラッドベリ 著	256ページ	ISBN 4-7700-2713-3
23	**華麗なるギャツビー** フィッツジェラルド 著	208ページ	ISBN 4-7700-2714-1
24	**幼年期の終り** アーサー・C・クラーク 著	272ページ	ISBN 4-7700-2711-7
25	**さらば愛しき女よ** レイモンド・チャンドラー 著	304ページ	ISBN 4-7700-2722-2
26	**イソップ物語**	128ページ	ISBN 4-7700-2691-9
27	**アルマゲドン** M・C・ボーリン 著	208ページ	ISBN 4-7700-2425-8
28	**アンナと王様** エリザベス・ハンド 著	240ページ	ISBN 4-7700-2424-X
29	**警官嫌い** エド・マクベイン 著	240ページ	ISBN 4-7700-2659-5

シャーロック・ホームズ全集①
緋色の研究
A STUDY IN SCARLET
SIR ARTHUR CONAN DOYLE
ルビ訳
コナン・ドイル

講談社ルビー・ブックス

シャーロック・ホームズ全集

(全14巻)

コナン・ドイル 著

小林 司・東山あかね 作品解説

8-①	緋色の研究	192ページ	ISBN 4-7700-2555-6
8-②	四つのサイン	176ページ	ISBN 4-7700-2581-5
8-③	ホームズの冒険 I	224ページ	ISBN 4-7700-2572-6
8-④	ホームズの冒険 II	240ページ	ISBN 4-7700-2573-4
8-⑤	ホームズの思い出 I	208ページ	ISBN 4-7700-2550-5
8-⑥	ホームズの思い出 II	208ページ	ISBN 4-7700-2574-2
8-⑦	バスカヴィル家の犬	240ページ	ISBN 4-7700-2564-5
8-⑧	ホームズの帰還 I	224ページ	ISBN 4-7700-2575-0
8-⑨	ホームズの帰還 II	240ページ	ISBN 4-7700-2576-9
8-⑩	恐怖の谷	256ページ	ISBN 4-7700-2582-3
8-⑪	ホームズの最後の挨拶 I	144ページ	ISBN 4-7700-2577-7
8-⑫	ホームズの最後の挨拶 II	128ページ	ISBN 4-7700-2578-5
8-⑬	ホームズの事件簿 I	208ページ	ISBN 4-7700-2579-3
8-⑭	ホームズの事件簿 II	176ページ	ISBN 4-7700-2580-7
8-①〜⑭	化粧箱入り 全14巻セット		ISBN 4-7700-2709-5

35 英語で話す「雑学ニッポン」Q&A Japan Trivia

36 英語で話す日本ビジネスQ&A ここが知りたい、日本のカイシャ
Frequently Asked Questions on Corporate Japan

37 英語で話す国際経済Q&A 一目で分かるキーワード図解付き
A Bilingual Guide to the World Economy

40 英語で比べる「世界の常識」 Everyday Customs Around the World

42 英語で話す「アメリカの謎」Q&A Tough Questions About the USA Q&A

43 「英国」おもしろ雑学事典 All You Wanted to Know About the U.K.

44 「ニューズウィーク」で読む日本経済
The Japanese Economy as Reported in *Newsweek*

45 バイリンガル日本史年表 Chronology of Japanese History

47 英語で「ちょっといい話」 スピーチにも使える222のエピソード
Bits & Pieces of Happiness

49 英語で話す「医療ハンドブック」 Getting Medical Aid in English

50 辞書では引けない 最新ビジネス・キーワード100
U.S. Business Buzzwords

51 「人を動かす」英語の名言
Inspiring Quotations from Around the World

52 英語で「いけばな」 The Book of Ikebana

53 英語で話す「日本の伝統芸能」
The Complete Guide to Traditional Japanese Performing Arts

54 折々のうた ORIORI NO UTA: Poems for All Seasons

55 英語で話す皇室Q&A Talking About the Imperial Family

56 英語で楽しむ「スポーツ観戦」 実況中継が聞き取れるようになる!
American Sports A–Z

57 「日本らしさ」を英語にできますか？ Japanese Nuance in Plain English!

58-1 全図解 日本のしくみ [政治・経済・司法編]
The Complete Illustrated Guide to Japanese Systems

58-2 全図解 日本のしくみ [生活文化・社会・医療・娯楽・スポーツ編]
The 100% Complete Illustrated Guide to Japanese Systems

59 ビジネスバトル：日本人 vs 外国人 異文化摩擦28番勝負
Battling It Out in Business

講談社バイリンガル・ブックス (オン・カセット/オンCD) 英語で聞いても面白い!

印のタイトルは、英文テキスト部分を録音したカセット・テープが、また 印のタイトルは英文テキスト部分を録音したCDが発売されています。本との併用により聞く力・話す力を高め、実用的な英語が身につく格好のリスニング教材です。

7 アメリカ留学日常語事典　これがなければ1日も過ごせない!

東 照二 著　192ページ　ISBN 4-7700-2470-3

アメリカのキャンパスには、独特の用語や表現がいっぱいあります。大学から届いたカタログを読んでいると、わからない単語が出ていた。手元の辞書を引いてみると日本語訳は載っているけれど、何のことかよく理解できない……。こんな経験をしたこと、あなたはありませんか？　ちゃんと理解しないまま学校選びや留学生活に入ると、とんだ勘違いや後悔をすることになりかねません。本書は、留学を志す人、アメリカのキャンパスで生活する人が知っていないと困る用語と情報を一挙にまとめて、日本人にわかりやすく解説しました。

8 マナー違反の英会話　英語にだって「敬語」があります

ジェームス・M・バーダマン、森本豊富 共著　208ページ　ISBN 4-7700-2520-3

英語にだって「敬語」はあります。文法的には何の誤りもない「正しい英語」表現ですが、"I want you to write a letter of recommendation."（推薦状を書いてくれ）なんてぶっきらぼうな英語で依頼されたら、教授だってムッとしてしまうでしょう。「アメリカ人はフランクで開放的」と言われますが、お互いを傷つけないよう非常に気配りをしています。逆に、親しい仲間うちで丁寧な英語表現ばかりを使っていては、打ち解けられません。英語にだってTPOがあります。場に応じた英語表現を使い分けましょう。

9 英語で「四字熟語」365　英語にするとこんなにカンタン！

松野守峰、N・ミナイ 共著　272ページ　ISBN 4-7700-2466-5

四字熟語をマスターし、その英語表現によって、ボキャブラリーも急増する一石二鳥のおトクな一冊！　日常よく使われる365の四字熟語を「努力・忍耐」「リーダーシップ」「チームワーク」「苦境」「性格」「能力」「友情」「恋愛」「宿命」などの意味別に分類し、英語にしました。四字熟語も英語で言うとこんなにカンタンなのかと、目からウロコが落ちることでしょう。

10 「英語モード」で英会話　これがネイティブの発想法

脇山 怜、佐野キム・マリー 共著　224ページ　ISBN 4-7700-2522-X

英語でコミュニケーションをするときには、日本語から英語へ、「モード」のスイッチを切り替えましょう。タテ社会の日本では、へりくだって相手を持ち上げることが、人間関係の処世術とされています。ところが、「未経験で何もわかりませんがよろしく」のつもりで "I am inexperienced and I don't know anything." なんて英語で言えば、それはマイナスの自己イメージを投影することになるでしょう。「日本語モード」の英語は誤解のもとです。

11 英語で読む「科学ニュース」　話題の知識を英語でGet!

松野守峰 著　208ページ　ISBN 4-7700-2456-8

科学に関する知識とことばが同時に身につく、画期的な英語実用書。「ネット恐怖症族」「スマート・マウスパッド」から「デザイナー・ドラッグ」「DNAによる全人類の祖先解明」まで、いま話題の科学情報が英語でスラスラ読めるようになります。ていねいな語句解説と豊富な用語リストにより、ボキャブラリーも大幅アップ！

12-1 CDブック 英会話・ぜったい・音読・入門編　英語の基礎回路を作る本

國弘正雄 編　久保野雅史 トレーニング指導　千田潤一 レッスン選択
160ページ CD (25分)付　ISBN 4-7700-2746-X

「勉強」するだけでは、使える英語は身につきません。スポーツと同じで「練習」が必要です。使える英語を身につけるには、読んで内容がわかる英文を、自分の身体が覚え込むまで、繰り返し声を出して読んでみることです。音読、そして筆写という、いわば英語の筋肉トレーニングを自分自身でやってみて、初めて英語の基礎回路が自分のなかに構築出来るのです。中学1、2生用の英語教科書から選び抜いた12レッスンで、「読める英語」を「使える英語」に変えてしまいましょう。まずは3カ月、だまされたと思って練習してみると、確かな身体の変化にきっと驚くことでしょう。

12-2 CDブック 英会話・ぜったい・音読　頭の中に英語回路を作る本

國弘正雄 編　千田潤一 トレーニング指導

144ページ CD (40分)付　ISBN 4-7700-2459-2

英語を身につけるには、英語の基礎回路を作ることが先決です。家を建てる際、基礎工事をすることなしに、柱を立てたり、屋根を作るなんてことはしないはずです。英語もこれと同じです。基礎回路が出来ていない段階で、雑多な新しい知識を吸収しようとしても、ざるで水をすくうようなものです。単語や構文などをいくら覚えたとしても、実際の場面では自由には使えません。英語を身体で覚える…、それには、何と言っても音読です。本書には、中学3年生用の文部省認定済み英語教科書7冊から、成人の英語トレーニングに適した12レッスンを厳選して収録しました。だまされたと思って、まずは3ヵ月続けてみてください。確かな身体の変化にきっと驚かれることでしょう。

13 英語のサインを読む　アメリカ生活情報早わかりマニュアル

清地恵美子 著

240ページ　ISBN 4-7700-2519-X

広告や看板の読み方がわかると、アメリカの英語と暮らしが見えてきます。「スーパーのチラシに$2.99Lb.とあるけど意味がわからない」、「コインランドリーを使いたいのだけれど」、「ガソリンを入れたいのだけれどノズルの使い方がわからない！」…、そんな時に限って、周りにだれもいないものです。本書では自動販売機の使い方、案内板や利用説明書の読み方など、生活情報入手のコツを28分野にわたって紹介しました。

14 産直！ ビジネス英語　NY発、朝から夜までの英会話

藤松忠夫 著

224ページ　ISBN 4-7700-2458-4

英語がペラペラしゃべれるだけでは、NYでビジネスは出来ません。会議を司会する、人事考課の評定を部下に納得させる、ビジネスランチを成功させる、効果的に情報を入手するなど……。これらが英語でちゃんと出来て、あなたは初めて一人前です。それには、アメリカ人の常識、習慣、考え方を知ったうえで適切な英語表現を身につけることが欠かせません。NY在住二十余年の筆者が、アメリカ式ビジネスの仕方と英語を手ほどきしました。

15 AorB？ ネイティブ英語　日本人の勘違い150パターン

ジェームス・M・バーダマン 著

192ページ　ISBN 4-7700-2708-7

日本人英語には共通の「アキレス腱」があります。アメリカ人の筆者が、身近でもっとも頻繁に見聞きする、日本人英語の間違い・勘違いを約150例、一挙にまとめて解説しました。間違いを指摘し、背景を解説するだけでなく、実践的な例文、関連表現も盛り込みましたので、日本人共通の弱点を克服できます。これらの150パターンさえ気をつければ、あなたの英語がグンと通じるようになることでしょう。

16 英語でEメールを書く　ビジネス&パーソナル「世界基準」の文例集

田中宏昌、ブライアン・アズビョンソン 共著

224ページ　ISBN 4-7700-2566-1

Eメールはこんなに便利。英文Eメールは、他の英文ライティングとどう違う？　気を付けなければならないポイントは？　など、Eメールのマナーからビジネスでの使いこなし方、さらには個人的な仲間の増やし方やショッピングの仕方まで、様々な場面に使える実例を豊富に掲載しました。例文には考え方をも解説してありますので、応用が簡単に出来ます。また英文には対訳が付いています。

17 「恋する」英会話　もっと素敵な女性になれる本

窪田ひろ子 著

224ページ　ISBN 4-7700-2526-2

素敵なレディには素敵な英会話をお薦めします。品のない英語を話したら、せっかくの恋だって逃げてしまいます。あなたが使う「コトバ」によって、あなたの周囲に集まる人が変わってくることでしょう。そうは言っても、大切な出会いの際、自己紹介の次には、どんなことを話せば良いのでしょうか…。本書では、センスある話題の選び方や話し方から、イヤな男に誘われた時の断わり方まで、あなたを洗練された英語の世界にご案内します。

18 CDブック 英会話・はじめの一言 相手を引きつける出会いのフレーズ

中山幸男 著 240ページ CD (60分)付 ISBN 4-7700-2721-4

気の利いた一言がサッと出てくるように「機知の引き出し箱」を用意しました。巷には、いろいろな表現を羅列した英会話の本がたくさんありますが、実際の場面で使ってみようと思うフレーズはいくつあるでしょう？ 苦しまぎれに無味乾燥な表現ばかり並べても、会話はちっとも弾みません。本書は、たった一言でもキラリと光るフレーズをシチュエーション別にまとめました。例えば、握手しながらお辞儀をしてしまったとき "That's how Japanese say hello." と言えば、相手もクスッとして緊張感もほぐれることでしょう。これからは「はじめの一言」をドンドン投げかけていってください。

19 CDブック 英会話・つなぎの一言 質問すれば会話がはずむ！

浦島 久、クライド・ダブンポート 共著 240ページ CD (62分)付 ISBN 4-7700-2728-1

質問は相手の答えを聞き取るための最大のヒント！ 初級者（TOEIC350～530点 英検3級～準2級）向けの質問例文集。英会話にチャレンジしたものの、相手の英語がまったく理解できなかった、あるいは、会話がつながらなかった、という経験はありませんか？ そんなときは、積極的に質問してみましょう。自分の質問に対する相手の答えは理解できるはずです。つまり、質問さえできれば相手の英語はある程度わかるようになるのです。ドンドン質問すれば、会話もつながり、それはまた、リスニング強化にもつながります。本書では、質問しやすい99のテーマに1800の質問文例を用意しました。

20 似ていて違う英単語 コリンズコービルド英語表現使い分け辞典

エドウィン・カーペンター 著 斎藤早苗 訳 256ページ ISBN 4-7700-2484-3

SayとTellはどう違う？ 最新の生きている英語 使い分け辞典 英語には英和辞書を引いても、違いがわからない単語がいくつもあります。そんな一見同じに見える表現にはどんな違いがあるのだろうか。どう使い分ければ良いのだろう。そんな疑問に答えるのが本書です。Collins COBUILDの誇る3億語以上の英語のデータベースの分析から生まれた辞典です。例文も豊富に掲載しました。

21 留学の常識＆非常識 失敗しないアメリカ留学

栄 陽子 著 224ページ ISBN 4-7700-2516-5

「入学出来る」だけで良いのですか？ 地元の人や卒業生の子弟は優先的に入学させるのがアメリカの大学です。入学許可をもらっただけで喜ばないでください。入るのは簡単ですが、出るのは大変なのです。でも安心してください。それなりの努力をした日本人留学生の何と8～9割程度は卒業しているのです。「卒業することを視野に入れた留学カウンセリング」で定評がある栄 陽子が、これだけは知ってて欲しい「アメリカ留学の常識」を一挙にまとめて解説しました。

22 チャートでわかるaとanとthe ネイティブが作った冠詞ナビ

アラン・ブレンダー 著 288ページ ISBN 4-7700-2643-9

最も基本的でありながら最も理解されていない単語aとanとthe。冠詞は最も頻繁に使われる英単語トップ10にランクされ、日本人が決してスペリングの間違いをしない単語でありながら、日本人の中で正確に理解している人がほとんどいないという不思議な単語です。本書では、冠詞の機能を単独にではなく、主語や動詞との一致、語順、文脈、話者の心理などから多面的に説明することで十分な理解と応用力が得られるよう工夫しています。

23 英語で笑介 日本の名所30 通訳ガイドのジョークを盗む

関山貞三 著 208ページ ISBN 4-7700-2521-1

一度笑わせてしまえれば、「英会話」に自信がつきます。たどたどしい英語で日本を話す場合には、あらかじめジョークを仕込んでおいて、その中からひとつでもふたつでも実際の会話で使ってみることです。ジョークが決まる瞬間は嬉しいものです。一度でも経験すると、英会話に自信がつくことでしょう。プロのガイドさんの種本から、日本で使える英語のジョークを百連発で紹介してみました。「英語でこれは何と言うのだろうか…」、そんな単語や表現には、サブリミナル式で英語がすぐ後ろから追いかけてきます。日本語で読んでいても、知らず知らずのうちに、英語が身につきます。

ドーナツ